足利尊氏

森茂暁

角川選書
583

目次

図版作成　村松明夫

はじめに

足利尊氏《あしかがたかうじ》とは、いわずと知れた南北朝《なんぼくちょう》動乱の主人公である。鎌倉《かまくら》時代後期に生をうけ、その前半生において鎌倉幕府の御家人として鎌倉将軍に仕えた。激動の度を加え始めていた中世社会は彼に大きな歴史的役割を与えた。武家社会の輿望《よぼう》を担っていた尊氏は鎌倉幕府の最終段階で「寝返り」というかたちで叛逆《はんぎゃく》し、反幕勢力を結集することによって幕府を倒壊に追い込み、かわって後醍醐《ごだいご》天皇が主宰する建武《けんむ》政権の登場に大きく貢献した。

尊氏はこの後、建武政権を離脱して、後醍醐勢力との抗争のなかで北朝を樹立、後醍醐を大和吉野《やまとよしの》に追いやって南朝を立てさせた。日本の南北朝時代は名実ともにここに開幕する。この意味で尊氏は後醍醐とともに南北朝時代の幕開け役を果たした。

南北朝時代といえば、当の足利尊氏の生きた時代である。戦前においては、尊氏は教育問題に端を発して政治問題に発展した南北朝正閏論《せいじゅんろん》（明治四四年、一九一一）のあおりをもろに受けて極度に評判を落とした。後醍醐天皇顕彰の大合唱とこれに正比例した尊氏批判の激しい怒号のなかで、研究者たちの南北朝時代への興味関心は長く削《そ》がれたままであった。こうした状況は戦後も半世紀ほど続いた。その呪縛《じゅばく》がいかに強力であったかを思わせる。

尊氏が樹立した室町《むろまち》幕府は、その武家政権としての構造において前代の鎌倉幕府とは大きく異なり、将軍はそのトップリーダーとして時代のまっただ中を縦横無尽に動き廻《まわ》り、将軍の親裁権はフルに活用された。室町時代に将軍の文書が多く残存する所以《ゆえん》である。約二世紀半続いた室町幕府体制のおおよその骨格はこの尊氏の時代に形づくられたとみてよい。このため尊氏は幕府運営を軌道に乗せるまでに産みの苦しみというべき幾多の苦難に遭遇した。

たとえば、後醍醐天皇との不本意な決別、弟直義《ただよし》との熾烈《しれつ》な抗争（観応《かんのう》の擾乱《じょうらん》）、はたまた実子足利直冬《ただふゆ》との憎み合い、それである。そうした苦難を乗り越えた尊氏が容易には理解しがたい心操の持ち主であったことは想像に難くない。

ひるがえって、今日の足利尊氏研究の環境について一瞥《いちべつ》してみよう。歴史研究の基礎を支えているのが史料であることはいうまでもない。その史料が基本的には活字化されないとなかなか研究は進まない。けれども近年の史料刊行についてみると、国家事業としての『大日本史料』『大日本古文書』『大日本古記録』のほか、『鎌倉遺文』『南北朝遺文』など諸種の編年史料集、県史や市史など自治体史の史料編、さらには個別の寺社や家が所蔵する文書など、各種活字史料集の刊行はめざましく、しかもひところに比べてその校訂の信頼度も格段にあがっている。さらに有難いことには写真版付きの尊氏文書研究も出版されている。

本書は、こうした史料の公刊やこれまでの先学の研究の蓄積をふまえ、足利尊氏の政治・軍事を中心にして文化面にも目配りしつつ、波瀾《はらん》万丈の尊氏の動向をたどり、もってとびっきり斬新《ざんしん》でしかも総体的な足利尊氏像を描こうとするものである。

序　章　新しい足利尊氏理解のために

南北朝時代とは

足利尊氏を生み育て大活躍の場を与えた南北朝時代とは一体いかなるものだったのであろうか。一般に動乱の時代とか、変革の時代とかいわれるこの南北朝時代をまず概観しておこう。社会が人間によって構成されている以上、動乱や変革はいつの時代にも認められるし、たゆみなく継続していることはいうまでもない。むろんそのスピードが急速であるか緩慢であるかの違いはある。

一一世紀末の院政開始から一六世紀後半の織豊《しょくほう》政権までの五〇〇年にわたる日本の中世社会をみわたしたとき、やはり一三世紀後半二度にわたって日本列島を見舞った蒙古《もうこ》の襲来が大きな変革のための転機になったことは否めない。このいわば「国難」を契機に中世社会は次第に広範にして急激な変革の時代に突入することとなる。

こうした急激な変革は、多くの人々に現実社会の秩序や桎梏《しっこく》から脱却するための道を開き、彼らの秘めた野望・欲望を実現させるための原動力ともなった。抽象的ないい方をすれば、社会的な解放にむけての個々の声はやがて大きなうねりとなって社会の奥底から噴出し、既成の社会秩序を突き崩した。

その最初のピークが、元弘《げんこう》の変あたりから展開する南北朝の動乱ということができる。それを引き起こした地殻変動は、鎌倉時代的な秩序を崩壊させ、室町時代的なそれへと確実に変革してゆく。この長くて熾烈《しれつ》な動乱の間に多くの時代の寵児《ちようじ》が生まれ、逆にまた時代の波に乗れなかった敗残者たちは奈落《ならく》の底へと転落した。朝廷や幕府をはじめとする社会の支配的階層には対立と分裂とが生じ、彼らは互いに生き残りのための激しい抗争を繰り返した。南北朝の動乱はこうした大小の抗争の集合体であったので、この時期をくぐりぬけることによって、日本社会は未曾有《みぞう》の大転換を遂げることとなった。その社会変革の荒波は、ただ単に政治・軍事・経済にとどまらず、文化・思想などもふくめた社会の構成要素すべてを変容させ、新しい時代を招来したことはいうまでもない。

南北朝正閏論

近代に入ってこの南北朝時代をめぐっての論争がにわかに巻き起こった。明治四四年（一九一一）の南北朝正閏問題である。この政治・社会的な問題が、南北朝時代とそれと分かちがたい関係にある足利尊氏の評価に大きな影を落とすこととなる。

それは、簡単にいえば、国定であった当時の尋常小学校の日本史教科書における南北朝の扱いに名分論の立場から疑義が呈され、南朝と北朝のうちどちらを正統の朝廷とみなすべきかという議論である。もともと純粋な教育上の問題であったが、やがて政治問題化し国会での論議に発展した。いわば、火のないところに煙が立ったかたちである。

明治四四年一月一九日付の「読売新聞」は、朝刊第一面トップの「論議」の欄で「南北

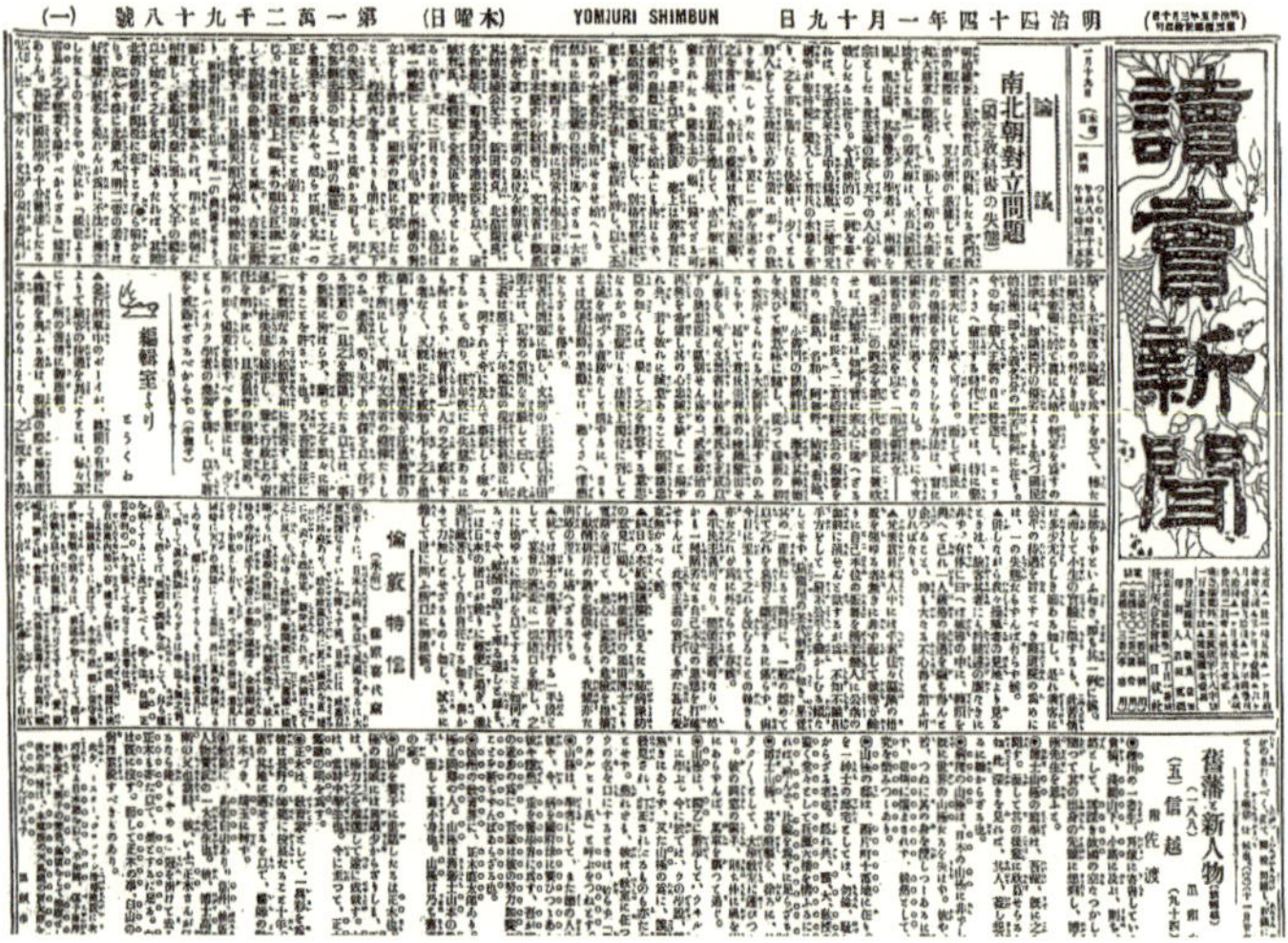
(一) 第一萬二千九十八號 (木曜日) YOMIURI SHIMBUN 明治四十四年一月十九日

讀賣新聞

論議 南北朝對立問題（國定教科書の失態）

「読売新聞」明治44年1月19日付・第一面

朝対立問題（国定教科書の失態）」という見出しのもと二段組ほぼ全部を費やし、文部省批判の論陣を大々的に張っている。

「読売新聞」は、尋常小学校日本史教科書が南北両朝を並立させることによって楠木正成《くすのきまさしげ》ら建武中興の「諸忠臣」を「逆賊」足利尊氏・直義たちと同列に扱っていること、さらに「天に二日なき」がごとく皇位は唯一神聖であるのに、両朝を対立させてあたかも国家が分裂したかのように扱っていることをとりあげて、強く非難しているのである。右の新聞記事には「文部省が断然先例を破つて、南北朝の皇位を対等視し」とあり、あたかも文部省がこのとき並立の形に書き換えたかのように読まれてしまうが、それは事実に反する。国定教科書が発行された明治三六年以来「南北朝」とされてきたが同四四年までは全く問題にされなかったのである。だが、この問題の火種はすでに存在していた。右の記事より一〇日前の一月九日付二面に「南北朝対立問題」と題して、国定教科書が両朝を対立関係で扱い、足利尊氏をもって楠木正成・新田《にった》義貞《よしさだ》らの「諸忠臣」と同等に見なしていることに対する反対論が民間ですでに勃興《ぼっこう》し、また貴族院議員中にも憤慨する者が少なからずいると報じ、早晩政治問題化することを予告している。

これをうけて、同二月四日、代議士藤沢元造《もとぞう》（大阪府選出、無所属）が南北朝問題についての「国定教科書編纂に関する質問書」を衆議院に提出した。それは自ら筆をとって認めた全四項目からなるもので、うち第二、第四項目は左のとおり（同紙二月五日、二月一七日付）。

一、足利尊氏は反逆の徒にあらざるか
一、文部省の編纂に係る尋常小学校用の日本歴史は国民をして順逆正邪を誤しめ、皇室の尊厳を傷け奉り、教育の根柢を破壊する憂なきか

日本近代史の定評ある年表は、この藤沢が質問書を衆議院に提出した明治四四年二月四日をもって南北朝正閏問題の起点としている（『近代日本総合年表 第三版』岩波書店、一九九

七年一一月、二〇七頁)。

しかし、この藤沢の意見書は「目的は達せり」(教科書の改訂を約束)として、急転直下同年二月一六日の衆議院本会議において藤沢によって撤回され、国会で議論されることはなかった。藤沢は同時に議員辞職する。この事件の背後には当時の政党間の政治闘争、種々の社会問題が横たわっていた。

この問題、結局どうなったかといえば、明治四四年二月二八日首相桂太郎《かつらたろう》は明治天皇に上奏し、裁定を仰いだ。明治天皇の裁定は、これより先の明治二四年(一八九一)二月一六日に下された同天皇の裁可、すなわち「北朝五代は後亀山天皇の後に附載して、皇統に加へず」(宮内庁編『明治天皇紀 第七』七五二頁。昭和四七年七月、吉川弘文館)の措置を踏襲することで落着した。あわせて北朝五代に対しては「尊崇の思召により尊号・御陵・御祭典等総て従来の儘たるべき旨を」命じられた(宮内庁編『明治天皇紀 第十二』五六五頁。昭和五〇年一二月、吉川弘文館)。実質的には「容易に其の間に正閏・軽重を論ずべきにあらず」(同五六三頁)としてきたこれまでの方針の再確認であった。

かくして明治四四年七月二一日、文部省は南朝正統論に立った教科書への改訂を決定し、ここにマスコミを騒がせたいわゆる南北朝正閏問題はひとまず終息した。同時に尊氏は「反逆の徒」の烙印《らくいん》を押された。

こうした経緯でもって、教科書の「南北朝」は「吉野の朝廷」と書き換えられ、内容も南朝中心の記述へと改変された。この事件は、近代国家への脱皮を遂げようとする当時の日本にとって重要な跳躍台の役割を果たした。これを契機に歴史教育の統制、ひいては思想の統制が強化されるようになり、その風潮はひとり学校教育のみならず社会全体に大きな影を落とした。当然ながら南北朝時代研究も無縁ではありえず、一般社会での南朝顕彰をしりめに低迷を余儀なくされた。逆に戦後になって一転表現の自由が保障されると、今度はその反動から南朝をことさらに無視ないしは軽視する傾向が長く続くことになる。

南北朝時代の復権

足利尊氏および南北朝時代を見直そうという今日のような風潮は一朝一夕に到来したものではない。ここで尊氏復権の歩みを簡単に回想してみよう。

筆者は平成元年（一九八九）一〇月、新潮社刊の『小説新潮』臨時増刊号に「文書一千通の闇――歴史の細道 足利尊氏」と題して小文を書いたことがある。以下はその一部。

> ＮＨＫ大河ドラマで目下「春日局《かすがのつぼね》」というのをやっている。（中略）題材は主に鎌倉・戦国時代にとられ、なぜか南北朝時代は敬遠されているように見受けられる。やはり往時の南北朝正閏論のしこりが潜在的に尾を引いているように思う。いわゆる「皇国史観」の呪縛から解放されてもう四十余年。そろそろ新鮮でのびのびとした南

北朝時代の人間像が茶の間に映し出されるのを望みたい。

この文章はNHKディレクターの目にとまり、総合テレビの番組「歴史誕生」での「一天両帝・異形の時代——南北朝動乱の六〇年」（同年一二月一日放送）につながるという予想外の展開を生んだ。なおこのときの放送内容は活字化され、角川書店『歴史誕生4』（一九九〇年六月）に収録された。

そののち平成三年（一九九一）正月からは、「太平記」と題した足利尊氏の一代記が大河ドラマとして一年間放送された。加えて、この年の暮れには日本歴史の展開における南北朝時代の重要性を指摘する提言もあった（海津一朗「南北朝時代の復権」『UP』〈東京大学出版会〉230）。

昭和が終わって平成の世に入った時期に、尊氏および南北朝時代の復権にとってひとつの転機が訪れたかのように思われた。それらが南北朝時代に対する旧来の理解の仕方に多少の再検討を迫る契機となったことは事実である。しかしその後の動きは鈍く、劇的な展開をもたらすことはなかった。

こうしたかっこうで伏流していた南北朝時代への関心は、やがて目にみえるかたちで社会の表面に現れてくる。同時代は日本歴史の大きな転換期であって、その重要性はきちんと評価しようとする気運が高まってきた。それを象徴するのが、平成二四年（二〇一二）

一〇月、足利尊氏の地元栃木県立博物館（宇都宮市）において、同館開館三〇周年を記念して開催された特別企画展「足利尊氏――その生涯とゆかりの名宝」であった。この展示会は全国に所在するゆかりの名宝現物（文書・絵図・肖像画・仏像・彫刻・陶磁器など）によって足利尊氏の生涯と歴史的役割を浮き彫りにするイベントであった。

同じ時期に、姫路市の兵庫県立歴史博物館では開館プレ三〇周年特別展として、「赤松《あかまつ》円心《えんしん》・則祐《そくゆう》」展が開催された。いうまでもなく赤松氏は尊氏の腹心である。

東西相呼応した南北朝時代の傑物の歴史的役割をテーマとするこの二つの展示会の同時期開催はまさに南北朝時代の復権を象徴するできごとであった。その背景にあったのは先入観や偏見を排して南北朝時代を素直に考えようという新しい時代の息吹であったことは疑いなかろう。こうして南北朝時代に対するまなざしはこれまでとは大きく異なり、評価すべきは評価するという至極当然な方向へと大きく舵《かじ》をきることとなった。しかし思えば長い道のりであったことはいうまでもない。

尊氏――後醍醐理解の前提

足利尊氏は、今日に至るまで各時代の政治的な波風をもろにこうむりつつさまざまに人口に膾炙《かいしゃ》した歴史的人物で、その評価は「英雄」と「逆賊」の間を揺れ動いた。尊氏の人物評価について中世から近代という長いスパンで実証的に検討した小川信の指摘のとおり、評価にこれほど大きな振幅の生じた人物は日本の歴史のうえではめずらしい（「足利尊氏――逆賊説と実情」、佐藤和彦編『論集 足利尊氏』東京堂出版、一九九一年九月。初出は一九七九年）。このうち尊氏を「英雄」と持ち上げたのは山路愛山（『時代代表日本英雄伝 足利尊氏』玄黄社、一九〇九年一月、一九四九年岩波文庫から復刊）である。他方「逆賊」説の極め付きは尊氏を「功利の奸雄」とみる平泉澄の評価であり、「建武中興の失敗の原因」は後醍醐にではなく尊氏にあるとする（『建武中興の本義』至文堂、一九三四年九月、三一一頁）。しかしこれはその時代の政治的影響を強く受けて登場したもので客観的な見方とはいいがたい。

足利尊氏を考えるときの重要な柱の一つは、むろん後醍醐天皇との関係であろう。尊氏像は後醍醐との関係性のなかでさまざまに形づくられてきた。後醍醐顕彰の急激な高まりに伴って尊氏はこれに反比例するかのように評価を落とした。

両者の関係を具体的にいえば、「（尊氏は）天皇に対して弓を引き、その権力を奪取」（清水克行『足利尊氏と関東』吉川弘文館、二〇一三年一一月、七頁）したなどと理解されるのが一般的なのであるが、たとえ結果的にはそうであったとしても、尊氏自身の個人的な思いはそうではなかったのではないか。残存史料から読み取れる尊氏の後醍醐に対する思いは複雑であって決してそう簡単にいい切れるものではない。

尊氏の後醍醐天皇に対する思いを最もよく伝えている一次史料は、神奈川県立金沢《かなざわ》文庫

後醍醐天皇肖像（『天子摂関御影』「天子巻」より、宮内庁三の丸尚蔵館所蔵）

足利尊氏肖像（尾道市・浄土寺）

所蔵の「後醍醐院百ヶ日御願文」である（『金沢文庫古文書 八』六一四五号）。この文書は、尊氏が後醍醐天皇没後百ヶ日目にあたる暦応《りやくおう》二年（一三三九）一一月二六日に、その供養のための仏事にさいして納めた願文である。結構長いもので、供養文特有の文体と表現をもつ難解な文書である。むろん願文であるから、美辞麗句を連ねた箇所もあり、そのまますべてを真実と受けとることもできないが、反面、尊氏の本心・真意の吐露されたと思われる箇所もみえ、使いようによっては極めて興味深く貴重な史料である。

この願文の内容について詳しく説明する余裕はないけれども、当面着目すべきは以下の点である。百ヶ日供養のために認められたこの願文には、尊氏の後醍醐に対する思いが多少の誇張はあるにせよ、非常に直截《ちよくせつ》かつ率直に述べられている。尊氏はまず後醍醐を「外には王道の大化を致し」「内には仏法の紹隆を専らにす」とその治世を賞賛している。そのうえで、尊氏の後醍醐に対する複雑な気持ちをもっとも端的に表現しているのは以下のくだりである（もとは漢文）。

つらつら微質の鷹揚《ようよう》を顧みるに、先皇の鴻将《こうしよう》□に起こる者をや。温柔の叡旨、なお耳の底に留まり、攀慕《はんぼ》の愁腸、心端に尽きがたし。恩恵窮《きわ》まりなし。報謝なんぞ疎《おろそ》かにせん。

尊氏は願文中で自身を「弟子」と記しており、後醍醐から被った恩に報いたいと念じている。「温柔の叡旨、なお耳の底に留まり」「攀慕の愁腸、心端に尽きがたし」などの言葉に集約されるように、尊氏の後醍醐に対する思いとは、追慕と悔恨の念であるといえよう。尊氏は終生後醍醐を畏敬・追慕してやまなかったのである。その最もよい証拠は、貞和《じょうわ》元年（一三四五）夢窓疎石《むそうそせき》を開山として落慶した天龍寺《てんりゅうじ》の創建であろう。天龍寺の創建にはむろん足利直義の関与と尽力が大きかったことは事実であるが、この鎮魂の思想を背景にした壮大な国家的宗教事業を根本において全面的にバックアップしたのは、ほかならぬ尊氏であったことを忘れてはならない。

二次史料でも同様である。一例として足利側から書かれた、南北朝期の貞和五年（一三四九）ころの成立とされる歴史書『梅松論』によると、尊氏は、建武二年（一三三五）に関東で生起した中先代《なかせんだい》の乱を平定した後、帰洛《きらく》を勧める後醍醐の勅使に対して、心ならずも「御参」はない（帰洛しない）と応《こた》えたけれども、それは本意でないことを「深く歎きおぼしめされて」、以下のように述べている（『梅松論』現代思潮社、一九七五年八月、七三—四頁）。

われ（尊氏）龍顔（後醍醐）に昵近し奉りて勅命をうく。恩言といひ叡慮と云、いつの世いつの時なりとも君の御芳志をわすれ奉るべきにあらざれば、今度の事条々（帰洛しない理由としてあげた事柄)、御所存にあらずと、思食《おぼしめし》けるゆへに、……

こうした後醍醐に対して特別の思いを抱く尊氏が、たやすく弓を引くような行動に走るとはとても想像することはできない。特に後醍醐が没した後、尊氏は強い後醍醐追慕の念に駆《か》られていることは前述したとおりである。

要するに、南北朝並立後の足利尊氏と後醍醐天皇との関係を、同一次元でフラットな敵対とみてしまうと、本質を見誤るのではないか。少なくとも尊氏の意識のなかでは対立という概念で捉《とら》えきれるものではない。それゆえ後醍醐の逆鱗《げきりん》に対し尊氏は恐懼《きょうく》し、また新たな朝廷＝北朝を創立したのも後醍醐から「朝敵」と指弾されるのを避けたかったからではないか。むしろそのようにみたほうが尊氏の影響を強く被りつつ展開する南北朝史の陰影をよく理解することができる。詳しくは本文中で述べることにするが、結論だけいえば、尊氏と後醍醐とは双方向での対立の関係にあったのではない。そのことは両者の関係を正しく理解するための前提である。

新たな方法と着眼

足利尊氏についての研究の蓄積についてみると、比較的軽い評論の類《たぐい》から重厚な研究成果まで多くの学的蓄積があることは周知のところであるが、これまでの尊氏研究がほとんど目を向けなかった盲点の一つが、発給文書の網羅的収集による古文書学的な観点からのアプローチである。この観点からの検討がなされなかった理由の最大のものは、残存する尊氏発給文書が非常に多く、それらを網羅・可及的に収集することに多大の困難が伴うからである。

かつて高柳光寿は著書『改稿 足利尊氏』（一九六六年九月、春秋社）の序文冒頭において「私はかつて古文書だけによって日本の歴史を書いてみようと思ったことがある」と述べている。その主旨は、古文書が日記などの記録類とは異なり書き手の主観を排除するので、歴史叙述に古文書を使用するとより高い客観性が保てるということである。

むろん歴史を叙述するときには古文書のみならず種々の関係史料を史料批判したうえで適宜利用すべきであることはいうまでもない。しかしながらその数量的な膨大さゆえに、尊氏文書の総体的な考察は尊氏研究に必ずしも採用されてきたとはいい難い。そこで改めて意識的に古文書を有効利用することを心がけて個々の古文書を集めてみると、意外とこれまで見逃されてきた新たな事実がわかってくる。

文書史料の有効性の最たるものは、時間的な指標を立てやすいということである。この点、『梅松論』・『保暦間記』・『神皇正統記』など当該期の史論・物語といったような記録類は、貴重な情報を提供するものの、それが一体いつのことかという時間的な指標を欠く場合が少なくない。文書史料はそのようなとき大きな助けとなる。

本書では、これまでのように足利尊氏研究の史料としての『太平記』など記録類の重要性を十分に認めたうえで、右の高柳光寿の提言のように書き手の主観が入りにくい古文書、特に尊氏の動向を直接的に表現する尊氏の発給文書の収集・分析によって得られた知見をふんだんに取り入れたいと思う。

＊なお最初にいくつか断っておきたいことがある。まず足利尊氏の実名の表記である。尊氏の諱《いみな》は初め「高氏」であったが、鎌倉幕府討伐の功績により後醍醐天皇（諱尊治）から偏諱《へんき》「尊」を賜ったため「尊氏」と改めた。したがって厳密には、「尊」字を賜った時点の元弘三年（一三三三）八月五日（『公卿補任二』）を境にして書き分けるべきかもしれないけれども、それでは煩雑と混乱を伴うため、特に必要のないかぎり「尊氏」で表記を統一した。

次に史料の引用に関することである。第一に、『太平記』のテキストとしては基本的には古態本の一つ、鷲尾順敬校訂『西源院本 太平記』（刀江書院、一九三六年六月）を使用した。その際読みやすくするため、一部の漢文表記を書き下したり送り仮名を補うなどした箇所がある。第二に、古文書の場合にはその漢文史料としての形態と格調を崩さないために、あえてそのままとした。

また和暦には参考までに西暦を付記したが、あくまで便宜的なもので、厳密に換算したうえでのものではない。

第一章　鎌倉期の足利尊氏

一　父祖・父母・兄弟

父祖の足跡

前九年《ぜんくねん》の役・後三年《ごさんねん》の役で活躍した八幡太郎《はちまんたろう》源　義家《みなもとのよしいえ》の子義国《よしくに》には、義重《よししげ》と義康《よしやす》との二子があった。一方の義重は新田《にった》氏の祖、他方の義康は足利氏の祖とされている。この源姓足利氏の展開については、昭和五二年（一九七七）三月に刊行された『近代 足利市史 第一巻通史編』（栃木県足利市）に詳しい。まず、尊氏登場の族的背景をおおよそ知っておくために、鎌倉期足利氏の歴史をざっとみておくことにしよう。

下野《しもつけ》国足利荘を本拠とする源姓足利氏の鎌倉御家人化は、この義康の子義兼《よしかね》に始まる。また足利氏と北条《ほうじょう》氏との縁戚《えんせき》関係は、源頼朝《よりとも》の命により義兼が北条時政《ときまさ》の女《むすめ》をめとったことに発している。承久《じょうきゅう》元年（一二一九）正月、源氏の正嫡三代将軍実朝《さねとも》が暗殺されると、足利氏が源氏の嫡流だと目されたが、義兼（正治《しょうじ》元年〈一一九九〉三月没）の嗣子義氏《よしうじ》は北条氏の麾下《きか》に甘んじ、承久の乱（一二二一年）の後、傾斜の度を増してゆく北条氏を中心とした執権政治体制の樹立に協調する姿勢を崩さず、以来忍従を余儀なくされた。このため以降の足利氏の周辺には北条氏との確執が折にふれて生起し、政治的な事件となって足

【足利氏略系図】

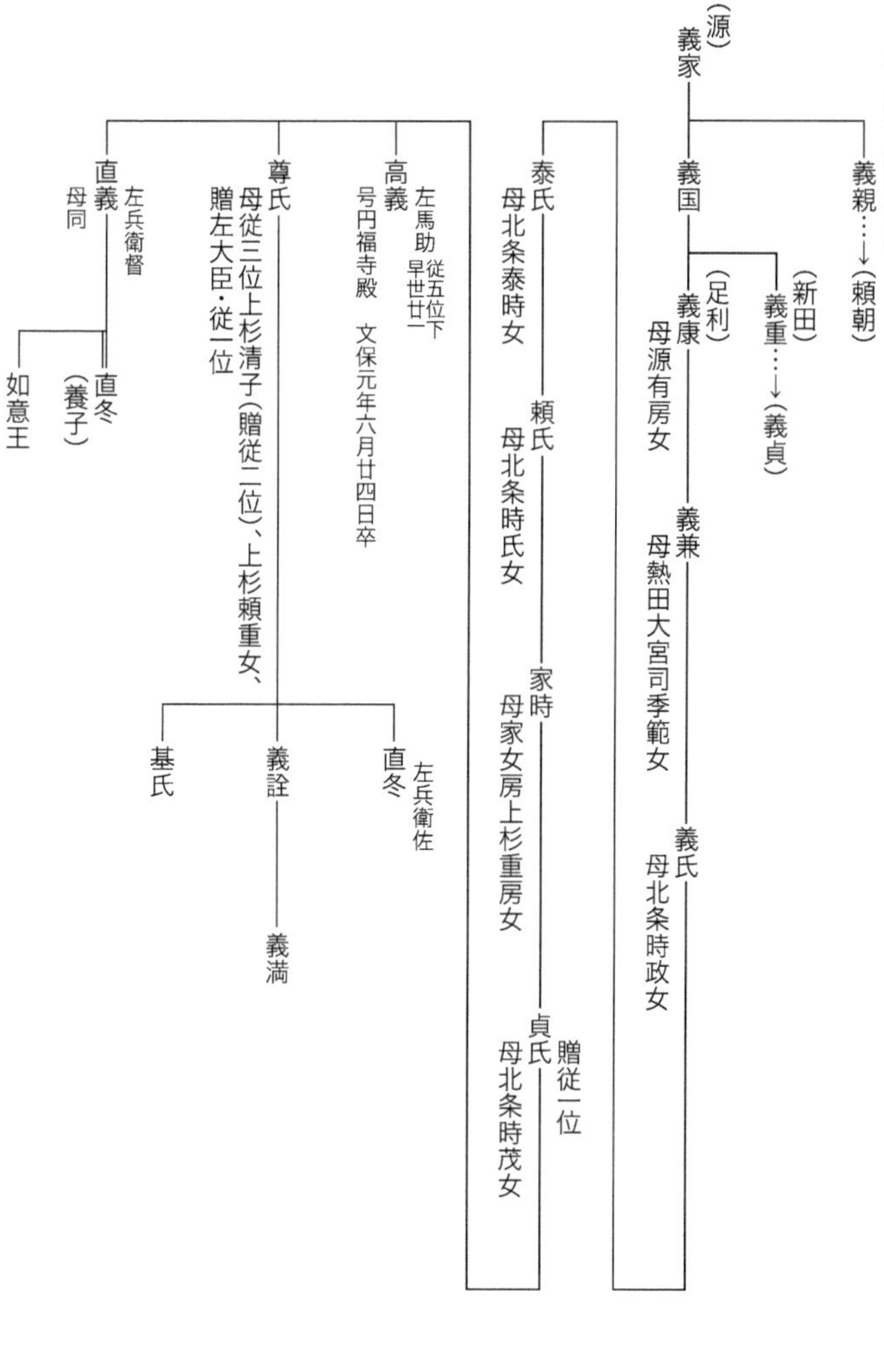
（源）
義家
義親……→（頼朝）
義国
（新田）
義重……→（義貞）
（足利）
義康
母源有房女
義兼
母熱田大宮司季範女
義氏
母北条時政女
泰氏
母北条泰時女
頼氏
母北条時氏女
家時
母家女房上杉重房女
貞氏
贈従一位
母北条時茂女
高義
左馬助
従五位下
早世廿一
号円福寺殿　文保元年六月廿四日卒
尊氏
母従三位上杉清子（贈従二位）、上杉頼重女、
贈左大臣・従一位
直冬
左兵衛佐
義詮
義満
基氏
直義
左兵衛督
母同
直冬
（養子）
如意王

利氏の命運を大きく左右した。

北条執権家は足利氏の実力を畏怖《いふ》・警戒して、つとめて幕府政治の中枢から遠ざけたものと思われる。そのことを象徴するのは、足利一門が鎌倉幕府の評定衆《ひょうじょうしゅう》に一人として任用されていないことである。幕府の評定衆とは、執権北条泰時《やすとき》が嘉禄《かろく》元年（一二二五）に設置した幕府の意志を決定する最高合議機関の構成員である（『群書類従四』所収「関東評定衆伝」は嘉禄元―弘安《こうあん》七年分を収録）。その人員は一五名程度で、北条一門のほか、太田・中原など練達の事務官僚の家、三浦・千葉・佐々木など有力御家人の家から選任された。文字どおり鎌倉幕府の合議制の根幹を担う、いわば閣僚たちである。足利氏はその出身・実力からみて当然ながら右のうち三番目の有力御家人のグループに含まれてまったく遜色《そんしょく》がないのに、足利氏から評定衆が選任された形跡がないのである。これは北条氏による意図的な疎外の結果というほかあるまい。

他方で北条執権家は足利氏に対して懐柔策をとることも怠っていない。義兼より尊氏に至る七代の足利当主はいずれも北条一門から妻を迎えているし、また北条氏の幕府は足利氏のために五位受領クラスの位階や官職を得るべく配慮をしている。このような北条氏との縁戚関係や同氏よりの配慮によって足利氏の地位は特別視された。その間に義氏が三《み》河《かわ》・上総《かずさ》両国の守護職を獲得するなど、足利氏はその地位を固めることに専念した。足利氏の第二の根拠地といわれる三河国には、額田《ぬかた》郡を中心に強い支配権がおよぼされた。とはいえ、やがて幕府が得宗専制の色あいを強めてくると、その地位は相対的に低下した。足利氏はそうした処遇に決して満足していたわけではなかったらしい。元弘三年（一三三三）、末裔《まつえい》の当主足利尊氏が鎌倉幕府へ反旗をひるがえし、鎌倉幕府転覆の実質的なキーマンとなった背景に、こうした足利氏の長年にわたる北条氏支配への忍従と苦難の歴史のあったことを忘れるわけにはゆかない。

父足利貞氏

尊氏の父は足利貞氏《さだうじ》である。貞氏の生没年についても複数の意見があり一定しない。系図史料として比較的信頼のおける『尊卑分脈《そんぴぶんみゃく》』は、貞氏の没日・行年を元弘元年（一三三一）九月五日、五九歳とする。これによって逆算すると貞氏の生年は文永《ぶんえい》一〇年（一二七三）となる。これについては、貞氏外祖父の北条時茂（重時子《しげとき》）が文永七年に三〇歳で没した事実をふまえると貞氏生母の年齢に難があるとの理由で、貞氏生年を少し引き下げて建治《けんじ》三年（一二七七）ごろとみる意見もあるが、外祖父時茂誕生からその孫貞氏誕生までの間に三二年の歳月が横たわっているので、『尊卑分脈』の記載どおりとみて特段の不自然は生じない。

貞氏は弘安一〇年（一二八七）一五歳で元服（尊氏に準じて考えると）、当時の執権北条貞時《さだとき》から偏諱《へんき》「貞」字を賜ったものとみられる。貞氏の発給文書の初見は永仁《えいにん》二年（一二九四）一月二日付で相模国宮瀬村《みやがせ》（同国愛甲郡）に下された吉書《きっしょ》である（「倉持文書」、『栃木県史　史料編中世三』）。この吉書は、年頭にあたって足利氏の所領である相模国宮瀬村の住人にあてて、「神事」・「勧農」・「乃貢」の三ヶ条について、それぞれを励行すべきことを説諭した形式的な文書である。貞氏の袖判《そではん》を据えた下文形式の吉書が毎年のように出されていることは、貞氏の主導する領域支配がある程度の恒久性・実質性を備えてきたことの表れといえる。

貞氏の経済力の大きさを測るための指標となる史料が二つある。一つは、永仁四年（一二九六）五月「御息所《みやすどころ》」（惟康《これやす》親王女ヵ）の病気平癒を祈る「御悩《ごのう》御祈」が将軍久明《ひさあきら》親王の広御所で修されたとき、「支物一万疋」の半分の五千疋が「足利殿」（貞氏）の負担だったこと（「門葉記《もんようき》70」、『大正新脩大蔵経76』）。いま一つは、元亨《げんこう》三年（一三二三）一〇月の北条貞時十三年忌の供養仏事が円覚寺《えんがくじ》で盛大に行われた際、「足利殿」（貞氏）は北条一門・得宗被官や有力御家人たち総員百八十二人の進物者群の一人として銭二百貫文を進上していること（「円覚寺文書」、『鎌倉市史　史料編第二』）。金額の最高は内管領長崎円喜《うちのかんれいながさきえんき》（高綱《たかつな》）の三百貫文、貞氏の二百貫文はこれに次ぐ高額で、北条一門の赤橋英時《あかはしひでとき》・大仏維貞《おさらぎこれさだ》、有力御家人の大友貞宗《おおともさだむね》、それに熊野《くまの》別当《べっとう》と同じ額である。こうした所見は、足利貞氏の経済力が幕府構成員のなかでもトップレベルにあったことをうかがわせる。

足利貞氏の得宗北条高時への配慮は、右の貞時十三年忌供養の際の貞氏の進物によっても知られるが、そもそも応長《おうちょう》元年（一三一一）一一月の貞氏の出家（『尊卑分脈三』）も、同年一〇月の貞時死去（時に貞時四一歳）を契機とするものであった可能性が高い。もっとも貞氏は正安《しょうあん》四年（一三〇二）二月の時点で「足利讃岐守（貞氏）、物狂所労経年之間」（「物狂所労」とは心の病ほどの意か）とされているので（「門葉記70」、『大正新脩大蔵経76』）、年来の病が出家の背景にあったのだろう。

そうした配慮からか、北条得宗の貞氏に対する覚えは悪くなかったようで、貞氏には少なくとも嘉暦《かりゃく》四年（一三二九）八月―元徳《げんとく》二年（一三三〇）三月の間上総守護に在職した証跡がある（「金沢文庫文書」、『神奈川県史　資料編2』）。貞氏はまた元亨二年（一三二二）三月甲斐《かい》の武田信武の子徳光丸の烏帽子親《えぼしおや》となって自らの偏諱「氏」を与えて氏信と名乗らせるなど、北条一門以外の有力御家人との関係を深めるための地道な努力も怠っていない（「甲斐信濃源氏綱要」、『系図綜覧二』国書刊行会、一九一五年四月、一四〇頁）。

以上のように鎌倉末期において貞氏が、政治力・経済力の両面で鎌倉初期の遠祖義氏に準じるような権勢と実力とを回復していたことは留意すべきであろう。それは北条得宗との関係が表面的ではあれ、比較的良好であったことの反映でもあろう。具体的には、貞氏が三人の子息の初名を付けるとき、共通して北条高時《たかとき》の偏諱「高」字を拝領したことなどがある（高義・高氏・高国）。

また貞氏の晩年にあたるが、元弘元年（一三三一）四月、後醍醐天皇による二度目のクーデター計画の失敗＝元弘の変が発覚し、同六月討幕修法に関与した咎《とが》で幕府によって捕縛された僧円観《えんかん》・文観《もんかん》・仲円《ちゆうえん》のうち、仲円の身柄が讃岐守《さぬきのかみ》足利貞氏に預けられたとする『太平記巻二』の記事も貞氏の立場を考えるうえで興味深い。この足利氏の権勢は同氏にとっては結果的には両刃《もろは》の剣であったということができる。

最後に貞氏の官位歴について付言しておくと、元弘元年九月五日に没した貞氏はすでに生前従《じゆ》五位下に叙されていたが、没後の康永《こうえい》二年（一三四三）八月二一日に従三位を、また貞治《じようじ》二年（一三六三）八月一四日に従一位を贈られている（『師守記《もろもりき》八』貞治四年五月八日条裏書）。

母上杉清子

足利尊氏の母上杉清子《うえすぎきよこ》は足利貞氏の側室で、清子の父は上杉頼重《よりしげ》。足利当主の正室は代々北条一門の女であった。貞氏の場合も例にもれず、正室は北条一門の名族金沢顕時《かねさわあきとき》の女。清子の出身上杉氏は、丹波《たんば》国上杉荘（現、京都府綾部《あやべ》市）を本拠とする在地領主であったが、足利氏との血縁関係はすでに築かれていた。足利家時《いえとき》（貞氏父）の母が上杉重房《しげふさ》（頼重の父）の女であったので、清子の父と家時の母とはきょうだいの関係にあった。重房の出自は勧修寺《かじゆうじ》流藤原《ふじわら》氏で、建長《けんちよう》四年（一二五二）宗尊《むねたか》親王が鎌倉幕府第六代将軍として鎌倉に下向したとき供奉《ぐぶ》したという経歴の持ち主である。上杉氏にただよう京都文化の香りは以降の足利氏の動向を考えるうえで留意してよい。

上杉清子についての近年の研究では、東京大学史料編纂所所蔵の「賢俊僧正日記《けんしゅん》」によって暦応五年に清子が七三歳（この年一二月没）であることに着目した清水克行の指摘が興味深い（「足利尊氏の家族」、『足利尊氏のすべて』新人物往来社、二〇〇八年一〇月）。清水はいう。

このうち母清子の生まれ年が見逃せない。清子の生年が文永七年（一二七〇）であるという事実は、従来知られておらず、この史料の発見で初めて確認されたものである。しかし、この史料の通りであるとすれば、清子の年齢は、文永十年（一二七三）生まれの夫貞氏よりも三歳年長であるうえ、尊氏出生時には三十六歳、直義出生時には三十八歳と、二人の出産時はかなり高齢だったことになってしまう。（同書一二七―八頁）

上杉清子が貞氏の側室になった時期は明確ではない。右の清水の指摘のように清子の生年は文永七年であるので、清子は尊氏出生時に三六歳、さらに直義出生時には三八歳ということになる。尊氏・直義兄弟は庶子ではあったものの、この京都文化の香り高い教養人清子の薫陶を一身に受けて、幼年期・少年期を送ったに違いない。この兄弟が生涯において母から受けた影響は甚大だったとみてよい。のち康永元年（一三四二）一二月、清子

（当時「大方禅尼」）が七三歳で没したとき、尊氏は服喪のため解官したが、翌二年三月に権大納言復任を辞退（将軍職は除外）したのは亡き母に対する思いからであろう。
清子の文化的側面について付言すると、清子の詠じた和歌が『風雅和歌集』に一首載せられている（角川書店『新編国歌大観　一』五八六頁、一六〇一号）。同和歌集は光厳《こうごん》上皇親撰《しんせん》の勅撰和歌集であり、全巻の完成は貞和五年（一三四九）二月ころとされている。いわゆる二頭政治の終盤期である。

冬歌の中に　　　　　　　　　　　　　　贈従二位清子
空にのみちるばかりにてけふいくか　日をふる雪のつもらざるらむ

清子の官位歴。生前に従三位に叙されていた清子は康永二年三月四日に従二位を贈られている（『師守記八』貞治四年五月八日条裏書）。なお「上杉系図」（『続群書類従六下』収録）は「贈正二位」と記す。ちなみに、足利家および被官家の婚姻を通じた族的な広がりを考えるうえで、上杉清子の妹が高師直《こうのもろなお》の弟師泰《もろやす》の妻であるという記事は貴重である（『尊卑分脈二』一三四頁）。

兄足利高義

尊氏には八歳年上の異母兄高義がいた。その「高」字は当時の得宗北条高時の偏諱である。尊氏が初め高氏と名乗ったのと同様である。この人物についても尊氏の家族という視点から清水克行が注目し、興味深い新たな指摘をおこなっている。それによって以下述べよう。なお当該史料記事については筆者も東京大学史料編纂所で確認作業を行った。

高義とは、足利貞氏の正室で北条一門の名族金沢顕時女の所生の嫡子である（「上杉系図」は清子の所生とする）。高義については『尊卑分脈』など一般的な系図史料にその名を載せるが、近年注目されているのは、「蠹簡《とかん》集残編六」収録の「足利系図」である（田中大喜編『下野足利氏』戎光祥出版〈二〇一三年一月〉に活字本あり）。そのなかに高義の名がみえ、「高義　嫡子、号円福寺殿、文保元年六月廿四日卒」と記されている。これによると、貞氏には高義という名の嫡子がいて、その高義は文保《ぶんぽう》元年（一三一七）六月二四日に亡くなったことが知られる。さらに「諸家系図前田本」所収の「源氏系図」に「高義　左馬助、従五位下、早世廿二」とみえ、高義は文保元年に二一歳で没したこととなり、逆算すると生年は永仁五年（一二九七）と考えられる。清水克行はこうしたことを踏まえて左のように整理している（『足利尊氏と関東』吉川弘文館、二〇一三年一一月、二〇―一頁）。

尊氏の兄、高義は、尊氏よりも八歳年長で、永仁五年（一二九七）に誕生していた。母は、北条一族中の名族である金沢顕時の娘で、のちに釈迦堂殿と称せられる女性だった。足利氏の当主は代々北条一族の女性を正室に迎えていたが、貞氏もその例外ではなく、金沢北条氏の娘を正室とし、そのあいだに生まれた高義を当初は嫡男としていたのである。

右のように高義の生年を永仁五年（一二九七）とすると、足利家の慣例と思われる一五歳元服は応長元年（一三一一）のこととなる。おそらく高義は一五歳で元服したとき、従五位下に叙されたと思われる。

この高義関係の史料は皆無に近く、高義の動向はほとんどわかっていない。しかし清水は、鶴岡《つるがおか》八幡宮《はちまんぐう》関係の史料のなかから、この間の正和《しょうわ》四年（一三一五）一一月に高義が「左《さ》馬助《まのすけ》」の名で鶴岡八幡宮の寺僧円重に対して供僧職を安堵《あんど》している事実を指摘している（『鶴岡叢書四　鶴岡八幡宮寺諸職次第』鶴岡八幡宮、二四二頁）。時に高義一九歳、足利氏の前途有望な青年当主・家督であったといってよいだろう。

ところで先にみたように、この高義、これよりわずか二年後の文保元年（一三一七）六月、二一歳で急逝するという予想外の出来事が起こる。清水克行はこのことについて「尊氏の運命、ひいては大袈裟ではなく日本の歴史を大きく変える不測の事態」（同書二三頁）と述べるが、まさにそのとおりである。

弟足利直義

足利直義はいうまでもなく尊氏のすぐ下の同母弟である。もと高国、続いて忠義と名乗ったが（『尊卑分脈三』）、直義の官位歴をみると、まず、嘉暦元年（一三二六）五月二六日従五位下・兵部大輔に叙任されている（「足利家官位記」『群書類従四』）。兄尊氏の叙従五位下は一五歳のとき元応《げんおう》元年（一三一九）一〇月であるので（同前）、それより約六年半後のこととなる。時に直義の年齢は後述の二歳差説に立てば二〇。直義の鎌倉期の官位歴はこれだけであり、左馬頭となるのは元弘三年（一三三三）六月一二日、越階して正五位下に昇進するのは同年一〇月一〇日のことで、ともに建武政権期に属する。

幼少期の尊氏・直義兄弟の関係は明らかでない。右に述べたように、直義は嘉暦元年五月に従五位下に叙されて兄尊氏と同じ位階に昇る。尊氏が従五位上となって直義に位階の上で差をつけるのは、後述するように六年後の正慶《しょうきょう》元年（元弘二）六月であるので、それ以前の段階では尊氏はいまだ家督継承者の地位を築いていなかったとみるべきであろう。清水克行が、尊氏が元応元年に叙爵・任官されたことをもって即座に家督継承者の地位と結びつけることはできないと指摘しているとおりである（『足利尊氏と関東』二四頁）。弟直義にも家督を継ぐ可能性が残されていたとみるべきであろう。

直義については、兄尊氏との年齢差がいささか気になるところである。二人の年齢差は従来一歳とされてきたが、先に掲げた『賢俊僧正日記』暦応五年二月条の衰日《すいにち》記事には

「将軍（尊氏）卅八　卯酉、三条殿（直義）卅六　丑未」とあって、これによると直義の生年は徳治《とくじ》二年（一三〇七）と算出され、嘉元《かげん》三年（一三〇五）生まれの兄尊氏との年齢差は二歳となる。加えて貞和四年（一三四八）に直義が四二歳の厄年を迎えたとする「門葉記130」（『大正新脩大蔵経　図像12』）の記事も二歳差説を支えており、この説は二人とは近い関係にある賢俊の日記を踏まえているだけに極めて有力といわねばなるまい。

こののち元弘の乱で兄尊氏とともに幕府に寝返ることによって歴史の檜舞台《ひのきぶたい》に登場して以降の直義の動向については、以下の尊氏の歴史的な足跡を追うなかで、あわせて叙述することにする。

二　足利尊氏の登場

家督の継承と政界デビュー

足利尊氏の政界へのデビューの経緯を知るために、その成長にともなう官位昇進の過程についてみておこう。このさい弟直義のそれも併せてみてゆく必要がある。

足利尊氏は建武政権下の元弘三年（一三三三）八月五日「従三位・非参議」に列せられ、初めて『公卿補任』にその名を現わす（『公卿補任二』五五〇頁）。そこには尊氏の官位の履歴が付載されている。これによって尊氏の鎌倉期における官位歴を左に整理する。

①元応元年（一三一九）一〇月一〇日、従五位下に叙し、同日治部大輔《じぶのたいふ》に任ず（尊氏一五歳）。

②元応二年（一三二〇）九月五日、（治部）大輔を去る。

③正慶元年（元弘二、一三三二）六月八日、従五位上に叙す。

④元弘三年（一三三三）六月一二日、従四位下に叙し（越階。去る五日《（六月）》内昇殿を聴《ゆる》す）、左兵衛督に任ず。

右のうち④は鎌倉期以降のものなので、関係するのは①②③である。他の史料によって多少補足すると、①については「足利家官位記」によって、嘉元三年生まれの尊氏がこれ以前「もと官号なし。足利又太郎」、つまり無位無官でたんに「足利又太郎」と呼ばれるだけの影のうすい存在であったことが知られる（③については五四―五頁参照）。すでに述べたように、尊氏の兄高義はすでに文保元年（一三一七）六月に二一歳で死去していたから、尊氏が元応元年（一三一九）に一五歳で元服したのは兄高義の欠を補うものであった。もし高義が存命していたら尊氏の元服はもっとおくれていたかもしれない（尊氏の弟直義の元服は叙従五位下のときか、二〇歳）。

高義没の文保元年に足利氏家督の地位がすんなりと尊氏に継承されなかったのは、当時の足利氏内部に何らかの問題があったことを示唆している。高義没の時点で尊氏は一三歳に達していた。尊氏が元服前だったからか、それとも貞氏の遠謀からか、このとき隠居したはずの父貞氏が家督の座に復帰したのである。むろん当初は状況が安定するまでの中継役としての登場だったかもしれないが、結局譲渡の機を逸して、元弘元年（一三三一）九月に五九歳で没するまで家督の座に居座り続けたのである。貞氏がどちらかというと親幕府派であったとみられるところから推すと、尊氏に長く家督を譲らなかったのは、尊氏との間に生じた何らかのわだかまりによるのかもしれない。

元亨二年の高師重下知状

鎌倉期の足利氏の家政機構の実態をよく示す史料が残っている。それは足利氏の所領に含まれる（「倉持文書」足利氏所領奉行人注文）、能登《のと》国土田荘上村以下の能登長氏の遺跡相論について裁許を下した、「得田文書」元亨二年五月二三日高師重下知状であり、原本は東京都目黒《めぐろ》区の尊経閣《そんけいかく》文庫に所蔵される。この文書は刊本史料では『栃木県史 史料編中世三』、『鎌倉遺文三六』などに収録されるが、そこでは差出人「沙弥」の花押が足利貞氏のものと判断されたため、足利貞氏下知状（裁許状）と命名され、鎌倉末期の足利氏の家政機構の一端を知ることのできる好個の史料として永く使用されてきた（『栃木県史』の巻末花押一覧には足利貞氏のそれが併載されている)。

　ところが近年になってこの文書の花押は足利貞氏ではなく、足利家執事高師重のものであることが明らかにされた(田中奈保「高氏と足利氏——鎌倉期足利氏の家政と被官」、田中大喜編『下野足利氏』戎光祥出版、二〇一三年一月。初出は二〇〇五年)。田中奈保の論文ですでに指摘されているように、この花押は「田中穣氏旧蔵典籍古文書」(国立歴史民俗博物

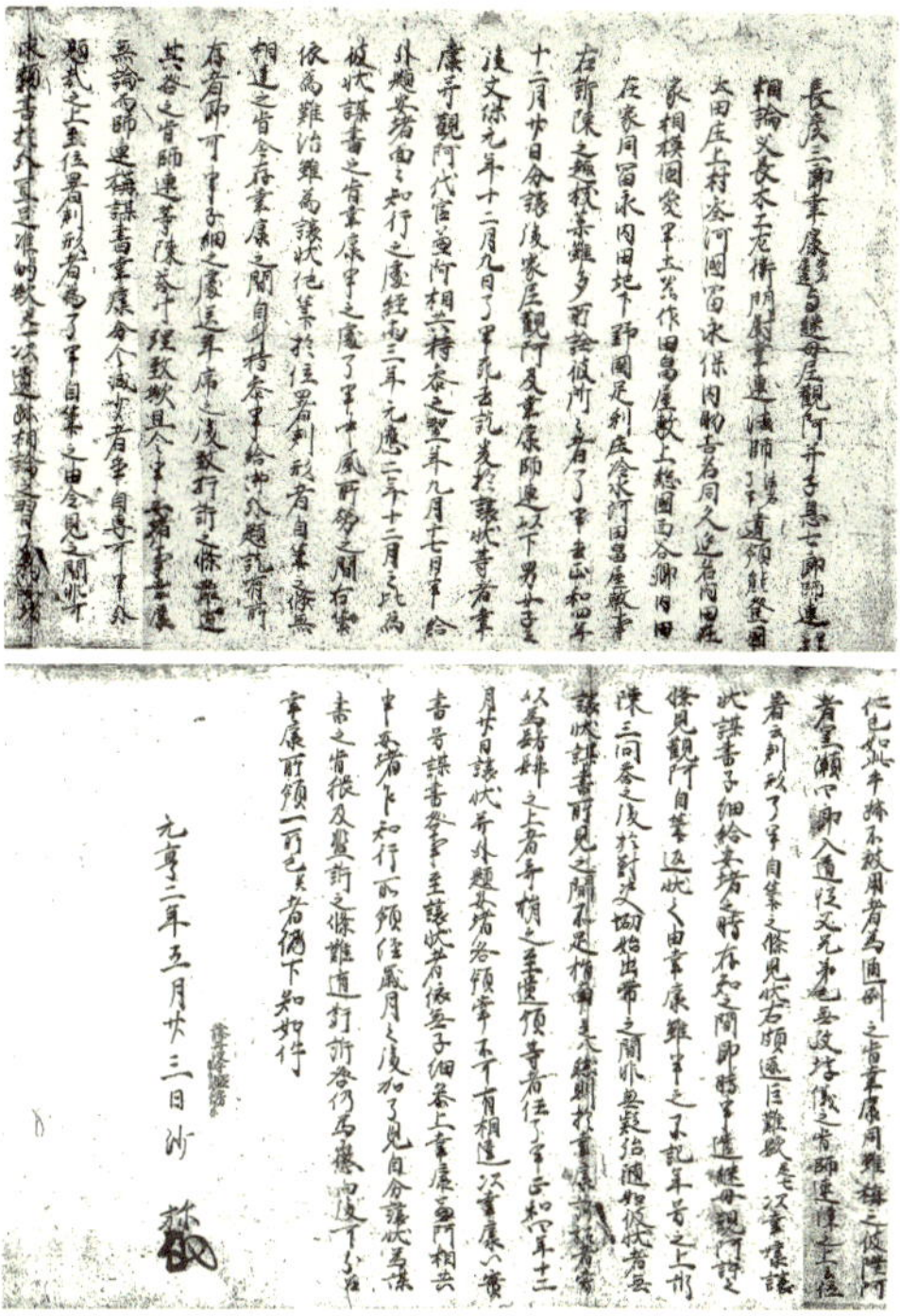

「得田文書」元亨2年5月23日高師重下知状、冒頭と末尾部分(前田育徳会所蔵)

館所蔵）に収録される「御修法部類雑事記」紙背文書にみえる二通の（無年号）一二月二七日高師重巻数返事に据えられた「師重（花押）」と合致し、この花押が高師重のものであることは間違いない（筆者も東京大学史料編纂所で確認した）。

注目すべきは、足利氏の家政機構における執事高氏の地位と立場である。時期的な問題も考慮しなければならないが、ことに鎌倉末期における執事高氏は、通例の執事という役職から連想するような軽いものではなく、それよりはるかに重要な職務を遂行していたものとみられる。通常の所領裁判の例では、政治組織や一門の長たる責任者が自らの名において裁許するというのがふつうであるのに、ことさら執事の署判でもってこれを行った点には何らかの事情と理由がなくてはなるまい。ほかに足利所領訴訟に関する下知状が知られていないため、他例との比較検討ができないというもどかしさはあるが、足利氏におけるこうした特殊性に着目した田中は、先の論文で以下のように指摘している（同三三五頁）。

鎌倉末期の足利氏家政機関に持ち込まれた相論は、幕府裁許に準ずる審理を以て処理されていた。そこでは（中略）、充実した家政機関の運営が行われ（中略）、足利氏家政における高氏の職権の大きさは格別なものであったと考えられる。

この指摘は妥当なものと思われる。ことに当主が貞氏の時期は貞氏自身の健康状態も考慮せねばならないが、足利氏として厳しい政治的判断に迫られるような重要問題が多発した時期であり、それだけに有能な執事の活動の場が保証されたものとみたい。高師重についていえば、鎌倉末から「南北朝・室町初期の人々の死去に関する史料として重要な価値を有する」（『群書解題八』一八二頁）とされる「常楽記」元亨四年（一三二四）六月一七日条に「足利殿（貞氏）執事」高師重妻の他界記事（『群書類従二九』二一一頁）がみられるのも師重の強い存在感を示唆している。のちに足利尊氏の執事高師直が登場し、周知のような縦横無尽の活動をすることができたのもこうした背景を有している。

かかる強固な足利氏家政機構やそれを運営する有能な執事高氏の存在はいろいろな意味で幼少時の足利当主に強い影響を与えたであろう。尊氏が師重から受けた影響も大きかったと思われる。さらにのちに尊氏嫡子義詮《よしあきら》が師重の子師直の影響下からなかなか抜け出すことができなかったとおぼしいのも（義詮花押の検討からの佐藤博信の指摘）、こうした父祖以来の足利当主と執事との関係性に規定されたのかもしれない。

ちなみに、すでに上杉清子のくだりでふれた、清子の妹が高師泰（師直弟）の妻であるとする『尊卑分脈二』の記事は、足利氏と高氏との婚姻を通じた族的関係をうかがううえでたいへん貴重であることがここでも確認される。

『続後拾遺和歌集』への入集

勅（広義に綸旨《りんじ》・院宣を含む）によって撰進された二一種の勅撰和歌集のうちの第一六番目にあたる『続後拾遺和歌集《しょくごしゅうい》』は、後醍醐天皇の下命により歌道家の二条為定《にじょうためさだ》が最終的に撰進したもので、正中《しょうちゅう》二年（一三二五）一二月一八日四季部奏覧、嘉暦元年（一三二六）六月九日完成した。この和歌集の巻一六雑歌中には以下のような足利尊氏（高氏）の歌一首が収められている。彼の初めての入集《にっしゅう》である。

かきすつるもくづなりとも此度は　かへらでとまれ和歌の浦波

源　高氏

（角川書店『新編国歌大観一』五四七頁、一〇八四号）

この歌は一見なんの変哲もない一首とよみとばされてしまいそうではあるが、この和歌集の成立した正中二年という時期の公家《くげ》と武家をめぐる政治史のうえに置いてみると、興味深いことがらを引き出すことができる。

まず歌の意味内容である。この歌について井上宗雄は、以下のように解説している（『改訂新版　中世歌壇史の研究——南北朝期』明治書院、一九八七年五月、二七二頁）。

その詠草（この高氏の歌＝筆者注）が二条家にもたらされていたのである。高氏は正中二年二十一歳である。そして「此度は」という句を文字通り解すると、前回すなわち続千載の時にも詠草を送ったが帰ってきてしまった、今回はそちらに止まってくれ、という意になるが、続千載（元応二年＝十六歳）の折にも詠草を為世（二条＝筆者注）の許へか送ったらしい。歌道熱心な青年武人である。後に尊氏が歌壇に対して大きな力を持つようになるが、既に青少年時代から和歌に深い関心を持っていた事がここに知られるのである。

先にこの尊氏の和歌を当時の政治史のうえに置くと興味深いと述べたのは、この歌が当時の両統（持明院《じみょういん》統・大覚寺《だいかくじ》統）迭立期のまっただ中にあって、政治的に後醍醐天皇の大覚寺統に近い二条家に対して尊氏から送られた（しかも一度といわず二度までも）という事実に着目すると、和歌文芸を通して尊氏はすでに後醍醐天皇の目にとまっていたのではないかと推測することが可能となる。当時の後醍醐天皇の周辺に目を転じると、前年の正中元年（一三二四）には初度の討幕クーデターの失敗、いわゆる正中の変を引き起こしていたし、この時期に後醍醐があらゆる手段をつかって討幕のための兵力を集めようとしたと考えて、一向に不自然ではない。

個々の詠草がどのようにして勅撰和歌集に選定されるか、その方法は具体的には明瞭《めいりょう》ではないが、『平家物語巻七』「忠度都落の事」にみる、平忠度《たいらのただのり》詠草の『千載和歌集』（文治《ぶんじ》四年〈一一八八〉完成）への入集のされ方からみても、撰者側の思惑や配慮によって採用されるケースがあったはずで、右にみた尊氏の和歌は後醍醐の意志によって選びとられた可能性は十分にある。むろん後醍醐に接近したいという意図は、まだ本格的な討幕の意志は形成されていなかったせよ、尊氏にもあったであろうことは容易に推測される。従って、尊氏と後醍醐双方の利害がおおよそ一致したところに、尊氏詠草が後醍醐撰の『続後拾遺和歌集』に入集する必然性が生まれたのではないか。

元弘元年九月の足利尊氏――笠置攻め

さて話をもとの尊氏登場のことに戻そう。

貞氏没から尊氏の家督獲得までにはしばしの時間的な間隔があるが、この間にどういうことがあったかということは関係史料がほとんどないので本当のところは判らない。そこで少ない残存史料をどのように関連づけて解釈し、尊氏の家督相続とこれをふまえた政界デビューにつなぐかが問題となる。以下は筆者の推論である。

ここに四つの事実がある。以下のようなことである。

①後醍醐天皇による二度目の討幕クーデター元弘の変の本格化は、元弘元年（一三三

二）八月末であること（後醍醐の南山城《やましろ》の笠置《かさぎ》寺《でら》入りは八月二七日）。
②笠置に拠《よ》った後醍醐を攻めるべく鎌倉幕府が大勢の追討軍を進発させたのは、元弘元年九月五―七日であったこと（「鎌倉年代記裏書」、『増補続史料大成51』臨川書店）。このとき尊氏は追討軍を率いる四人の大将軍のなかの一人として（他の三人はみな北条一門）、笠置攻めに参加していること（「光明寺残篇」、『光明寺文書一』）。

笠置行宮跡　京都府相楽郡笠置町（著者撮影）

③尊氏父貞氏の他界が元弘元年九月五日であること（『尊卑分脈』。「常楽記」は六日とする）
④元徳四年（元弘二）二月二九日、尊氏は足利氏の当主として被官に対して初めて所領安堵状を出していること（『上杉家文書一』）。

要するに、元弘の変が生起し幕府がその対応に追われているさなかに、尊氏の父貞氏が没しているのである。②と③を合わせ考えると、父親を亡くした尊氏はその服喪を後回しにして笠置に向かったとみなさざるをえない。

尊氏にとっては笠置への出撃命令が幕府から出て

いる矢先に父親が没したわけで、その状況で笠置に向けて進軍するのは尋常なことではなかったであろう。このことについて『梅松論』は、

> 今度は当将軍《(足利尊氏)》、浄妙寺殿《(足利貞氏)》御逝去一両日の中なり。いまだ御仏事の御沙汰にも及ばず、御悲涙にたへかねさせ給ふおりふしに、大将として都に御進発あるべきよし高時《(北条)》禅門申ける。このうえは御異儀に及ばず御上洛あり。（中略）、関東今度の沙汰然るべからず。これによつてふかき御恨とぞきこえし。
> （同書五六頁）

と叙述し、父の喪に服する間もあたえず足利尊氏に上洛《じょうらく》の命令を出した得宗北条高時への憤怒《ふんぬ》の念をのちの離反の理由であるかのように述べている。

　尊氏はあえて服喪を後回しにして幕命への服従を選択したのである。これに対して幕府側はどのように対応したであろうか。おそらく事後には尊氏の要望を聞き入れようと考えたに相違ない。当の尊氏もそのことは計算ずみであったろう。尊氏は、服喪を後回しにして進軍した忠節の見返りとして、一門を統率するためのリーダーシップを幕府に承認してもらおうとしたのではないか。清水克行は当時の尊氏の一門内での立場を以下のように整理している。

貞氏は元徳三年（一三三一）九月に五十九歳で死去するまで、家督を手放さなかったようである。兄高義がわずか十九歳で家督を継承していたのに対し、尊氏が足利家家督の座に就くのは、父の死後、ようやく彼が二十七歳になってからのことだった。

（『足利尊氏と関東』二四頁）

足利尊氏文書の初見――家督獲得

後醍醐天皇が拠った笠置城は元弘元年九月末には幕府軍の攻撃のまえに陥落、落ち延びようとした後醍醐主従は幕府側に捕えられた。後醍醐についていうと、この後の取り調べのあと、翌元弘二年三月の隠岐《おき》配流へとつらなってゆくが、ここでは笠置陥落の直後、東帰にさいして尊氏がとった態度が興味深い。

『花園《はなぞの》天皇宸記《しんき》』元弘元年一一月五日条によると、幕府軍の大将軍の一人北条一門大仏貞直《おさらぎさだなお》は関東申次西園寺公宗《かんとうもうしつぎさいおんじきんむね》を通じて明暁下向する由を申し入れてきたので、花園上皇は彼に馬を与えた。ところがおなじ大将軍の一人足利尊氏はすでに先日東帰したが、彼には馬を与えられなかった。花園上皇はその理由を「非一門之上、不申暇之故也」と説明している。尊氏はこのときなぜ持明院朝廷に暇《いとま》を申さなかったのであろうか。その理由として考えられるのは、父の喪に服すこともむろんだが、それよりもっと本質的な理由があったように思う。

後醍醐天皇の出奔ののち、幕府の支持をうけて春宮量仁《とうぐうかずひと》が践祚《せんそ》して（光厳天皇。ときに一九歳）、その父後伏見《ごふしみ》上皇の院政が始まるが（後伏見は後醍醐と同年齢で、当時四四歳）、尊氏はこの政変によって誕生した新政権にすでに見切りを付けていたのではなかろうか。

かくして年があけて元弘二年（一三三二）となった。現在知られている足利尊氏の発給文書の初見はこの年に出されたものである。尊氏の被官木戸宝寿に対する知行安堵《ちぎょうあんど》、つまり外祖父木戸家範知行の例に任せて下野国足利荘木戸郷・陸奥《むつ》国賀美郡青塚郷・鎌倉屋地等の知行を安堵領掌させるという内容のものである。木戸宝寿が安堵された所領のうち、「足利荘」（下野国）と「賀美郡」（陸奥国）とは鎌倉末期の貞氏段階で作成されたとおぼしい「足利氏所領奉行注文」に登載されており（「倉持文書」、『神奈川県史　資料編3』）、広義の足利氏所領の中核部分であったと考えられる。尊氏文書の初見は以下のとおり（『上杉家文書一』四―五頁）。

下野国足利庄木戸郷、并陸奥国賀美郡青塚郷、鎌倉屋地等事、守外祖父木戸左近大夫家範知行之例、可被安堵領掌之状如件、

元徳四年二月廿九日　（足利尊氏）（花押）

木戸宝寿殿

この足利氏被官に対して安堵状を出した尊氏の立場が、足利氏の当主・家督であることは認めてよかろう。先に清水の指摘を引いたように、父貞氏は元弘元年（一三三一）九月に死去するまで家督を手放さなかったが、ここに至ってやっと尊氏は家督の座に就くことができたのである。尊氏当年二七歳、おそ咲きといわざるをえない。

なお、この文書の年号に元徳四年が用いられた点は注意すべきであろう。後醍醐天皇はすでに元徳三年八月九日に改元定を行い、「元弘」という新年号を用いていたのである。したがって元徳四年とは元弘二年のこととなり、新年号を使用せずことさら旧年号を使用したのには理由がなくてはならない。じつはこの「元弘」年号は元弘の変の進行中に登場した年号で、鎌倉幕府がこの改元に嫌悪感を示したのは当然であろう。案の定、関東の幕府は「元弘」年号を施行しなかった（臨川書店『増補続史料大成51』所収「鎌倉年代記」。「元弘」年号にかけて「関東無施行」と注記されている）。そのようななかで尊氏が右の安堵状で旧年号たる「元徳」を

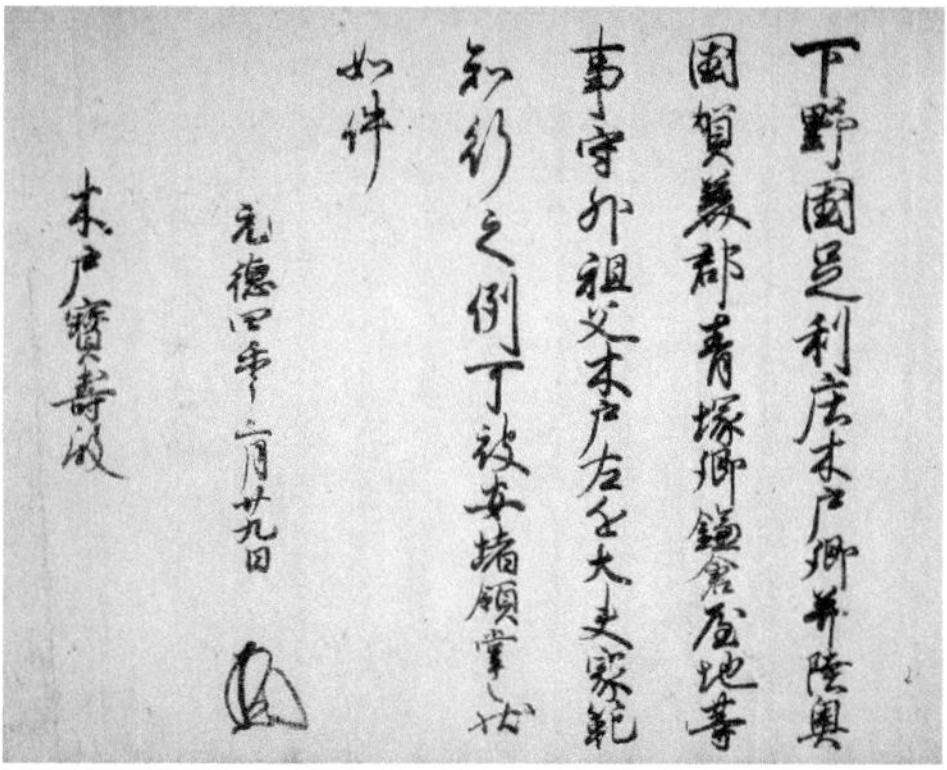
下野國足利庄木戸郷幷陸奥
國賀美郡青塚郷鎌倉屋地等
事、守先祖父木戸左衛門大夫家範
知行之例、可被安堵領掌之状
如件
元徳四年二月廿九日
（花押）
木戸寶寿殿

「上杉家文書」元徳4年2月29日足利尊氏御教書
（米沢市上杉博物館所蔵）

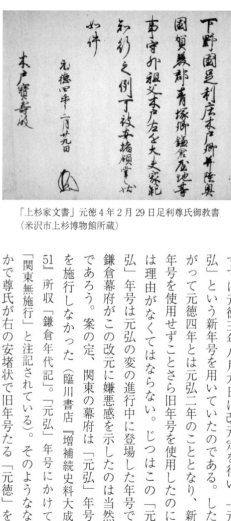

使用しているのは改元の情報が伝わらなかったというようなレベルの話ではなく、意識的に幕府の嫌う「元弘」を用いなかったとみるほうが実態にそくしている。すでに尊氏の心中は反幕の方向に整理されていたが、その本心をカムフラージュするためにあえて「元徳」を使用してみせたのではないか。

鎌倉幕府の尊氏懐柔

元弘二年二月末家督の地位に就いて以降、元弘三年三月船上山《せんじょうさん》に向けて進軍するまでの約一年の間、尊氏の動向をうかがわせる史料はまったくといっていいほど残っていない。かろうじて『花園天皇宸記』正慶元年（元弘二）六月八日条裏書に以下のような記事がある。この記事は当時の尊氏と得宗政権との関係を示すものとして非常に興味深い。いまこの史料によってこの当時の尊氏の身辺状況を考えてみよう。

> 今日小除目、中納言公明（三条）還任（西園寺実顕卿辞退替）、参議有光（六条）・公名（大宮）等卿叙上階、源高氏（足利）叙従五位上、是関東申之故也、依此事、今日被行除目也、忩申之故也、（傍点筆者）

それによると、この日夕方に朝廷では小除目《こじもく》（臨時の任官の儀式）が執り行われた。三条公明の中納言還任、六条有光・大宮公名の上階の件などが沙汰《さた》されることになっていたが、ことに足利尊氏を従五位上に叙する必要から急遽《きゅうきょ》この日の小除目となった。尊氏の件は鎌倉幕府の至急の申請によるものであった。

先述したように、尊氏は元応元年（一三一九）一〇月一〇日一五歳のときすでに従五位下に叙されていたので、今度の叙位は昇進であった。しかし留意すべきはそれが幕府の急な申し入れを受けたものであったことである。

問題は、なぜこの時期に関東の幕府は尊氏を推挙《すいきょ》して、従五位上に昇進させようとしたかである。もし笠置攻めの褒美だとすれば、時間的に遅くタイミングが不自然である。むしろ家督に就いたのちの尊氏の不穏な動向に警戒感を持ち始めた得宗政権がこれを牽制《けんせい》する意味で急遽尊氏を懐柔しようとしたのではないか。

後醍醐天皇への接近

足利尊氏と後醍醐天皇とが和歌という文芸を通じて互いに意図的接近をはかった可能性についてはすでに前述した。日本の中世社会において和歌や文芸が政治への架け橋になったことはいうまでもない。尊氏と後醍醐との場合はどちらかというと政治的な意味合いが大きかったであろうこともすでに指摘したところである。こうした和歌や文芸のほかに、尊氏と後醍醐の間を政治的に繋《つな》いだ代表的な人物として、少なくとも相互に性格の異なる二人の有力な鎌倉御家人をあげることができると筆者は考える。

まず二階堂道蘊《にかいどうどううん》。彼は文筆系の有力御家人として著名な二階堂氏の出身で、後醍醐のためにいくつかの援護射撃を行った証跡がある。一つは、正中元年（一三二四）いわゆる正中度のクーデターが密告によって失敗したとき、後醍醐は弁明のための告文《こうもん》（天子が臣下に告げる文）を幕府に提出して一件との無関係を装った。これを受け取った得宗北条高時がその告文を開こうとしたとき、道蘊はこれを固く諫《いさ》めて文箱《ふばこ》をあけないで勅使に返すべきだと進言したというエピソード（『太平記巻一』）。もう一つは、元弘の変（一三三一）の与同者の処分について幕府内で議論がなされたとき、得宗被官長崎高資が後醍醐天皇以下を遠流・処刑すべきだとの強硬論を唱えたのに対し、道蘊は、君は君たらずとも臣は臣たらなくてはならないとこれに強く反論したというもの（『太平記巻二』）。このほかにも、のちの建武政権への登用など後醍醐と道蘊との親しい関係をうかがうことのできる事実はいくつも指摘できる。二人の浅からざる関係は、道蘊の関東使としての任務たる朝廷との交渉、そして十分に想定される後醍醐との度々の接触を通して形成されたのではないかと筆者は考えている。

いま一人の佐々木導誉《ささきどうよ》。のちに「バサラ大名」として著名な文武両道に通じた有力御家人である。佐々木氏の出身は近江国《おうみ》。導誉は京都の政治・文化と関係がふかく、元亨元年（一三二一）末より親政を開始した後醍醐天皇の、諸種の行幸のさいに警固の役をつとめるなど、職務柄後醍醐と接触する場面も少なくなかったものと推察される。たとえば南北朝期に成立した歴史物語『増鏡』（久米のさら山）によると、元弘二年（一三三二）三月、元弘の変で罪を得て配流先の隠岐に向かう途中、山城の淀《よど》の渡しから桂川《かつらがわ》を渉《わた》ろうとしたとき、護送役をつとめていた導誉が後醍醐の目にとまり、後醍醐はかつて自分が石清水八幡宮《いわしみずはちまんぐう》に行幸したとき導誉が「橋渡しの役」をつとめたことを思い出し、深い旧懐の念を催したという一話がある。このエピソードによってみると、後醍醐と導誉との間には相互に強い精神的な結びつきが存在したものと推察することができる。

足利尊氏はこうしたいわば後醍醐シンパたちといっしょに都市鎌倉に居住していたのであるから、折にふれての後醍醐関係の情報は彼らの間で共有・蓄積されたに違いない。尊氏はそのような情報をもとに密《ひそ》かに後醍醐へ思いを寄せ、彼への期待感をふくらませたとしても一向に不自然ではない。前述したように、尊氏詠草の『続後拾遺和歌集』への入集もそうした政治的文脈のなかで考えるべきであろう。

抽象的ないい方をすれば、長期政権を維持運営した鎌倉幕府、その幕府内ではすでに深刻な地殻変動が徐々に進行していた。京都で親政を開始し、着々と刷新的な政策を打ち出し意欲的な政治の実績をあげつつあった後醍醐天皇の高い評判は当然関東にも伝わっていたであろう。鎌倉幕府の中枢部にも得宗政権の将来を見限り、後醍醐天皇の政治に共感を持つ御家人も少なからずいたはずである。主として畿内《きない》近国において跳梁《ちょうりょう》する「悪党」の問題にも解決の糸口さえ見いだせない。こうした混沌《こんとん》たる政治社会状況のなかで、かつての指導力を喪失した幕府の政治に背反した水面下の社会変革のうねりは、鎌倉幕府崩壊にむけてのゆるやかな地殻変動ともいうべきものである。

三　状況の急転回——元弘の乱

元弘・建武の大乱

日本中世における動乱の時代の本格的開始を告げる元弘の乱、およびこれに引き続く建武年間の動乱は、それより一〇〇年後の時代においても、大きな社会変革を引き起こした歴史的事件として京都の荘園領主たちの脳裏に深く刻まれていた。いわゆる元弘・建武の乱はそれほど日本中世の歴史に大きな影響を与えたできごとだったのである。

そもそも「元弘」という年号は、後醍醐朝下で使用された「元徳」年号が同三年（一三三一）八月九日に改元されて登場した。当時の仮名表記では「けんこう」と書き（これに対して「元亨」は「けんかう」）、後醍醐政治を象徴する「建武」の直前の年号。この連続する「元弘」「建武」の時期の最大の特徴は、それが歴史上まれにみる熾烈《しれつ》な大動乱のはじまりであったことである。「元弘」年号登場の背景を探ってみると、その登場が後醍醐の二回目のクーデター未遂、いわゆる元弘の変のさなかだったことが注意される。この事件は元徳三年四月の著名な後醍醐の「忠臣」吉田定房《よしださだふさ》の密告によって露顕し、それ以降与同者が次々に逮捕されるという状況のなか、改元が決行されたのであるから、後醍醐のもくろみが奈辺《なへん》にあるかは明白であった。だから前述したように関東の鎌倉幕府が「元弘」の新年号を施行しなかったのも当然である（『鎌倉年代記』）。幕府の新年号の不施行は不穏な時代の到来を予感させた。

幸いにも、室町時代の公家万里小路時房《までのこうじときふさ》の日記『建内記《けんないき》四』（岩波書店・大日本古記録）、嘉吉《かきつ》元年（一四四一）九月一七日条に、当時の社会状況を簡潔に表現したくだりがある。

近日諸家所領違乱事、所驚存也、元弘・建武大乱已来庄園、或不知行、或半済、或代官職競望、致少分之沙汰、其内猶不済・未済等、近年之作法如此、（傍点筆者）

時に権大納言正二位、四八歳の時房は、不知行や半済《はんぜい》、また代官請という方式、これに輪をかける形での不済・未済などによって経済的困窮を極める当時（一五世紀半ば）の家領経営のありさまを「近年之作法」と表現したが、着目すべきはその起点が「元弘・建武大乱」であると認識している点である。つまりいまの家領経営の困難は、元弘・建武の時代からうちつづく長くて熾烈な内乱に起因していると時房は考えていたのである。

その大きな社会的変動をひき起こした「元弘・建武大乱」とは、南北朝時代の実質的な開始を象徴するできごとであったから、本書で述べる足利尊氏の本格的な活動は文字どおり南北朝時代の開幕とともに開始されたとみてよい。

船上山の後醍醐と護良

元弘の変の失敗、笠置城の陥落を経て、元弘二年（正慶元）三月に隠岐に配流された後醍醐は、ほぼ一年後の元弘三年春には伯耆《ほうき》国の土豪名和《なわ》長年《ながとし》の来援を受けて隠岐から脱出し、名和氏に擁されて伯耆国船上山を拠点に討幕の檄《げき》をとばすことは周知のところである。その隠岐脱出と船上山依拠がいつのことかについては、ふつう「元弘日記裏書」や『増鏡』（「月草の花」）などの記録類によって同年閏《うるう》二月末とされている。

後醍醐が隠岐から脱出して伯耆国船上山に拠る以前においては、討幕のための運動は護《もり》良《よし》によって畿南の山間部を中心にして地道に推進されていた。後醍醐の帰還後、護良の活動は一層活発になる。こうした護良の積極的な関わり方を『保暦間記』（『群書類従二六』）は「元弘ノ乱ヲモ宗ト御張本有シゾカシ」と正確にとらえている。

そうしたなかで最近、後醍醐の隠岐脱出以前の段階で、後醍醐が護良とどのような位置関係にあったかを考えるうえで大変興味深い史料に気づいた。出雲《いずも》国の「鰐淵寺《がくえんじ》文書」に収める貞治五年三月二一日権少僧都頼源文書送信状（『出雲鰐淵寺文書』法蔵館、二〇一五年八月、七四号）である。この文書は鰐淵寺僧頼源が、自分が老体で露命測りがたきにより、将来のことを考えて「寺中の重書」全一六通の目録を書きあげて浄達上人に進めたものである。文書の記載内容は、元弘二年八月一九日後醍醐天皇願書を筆頭として正平六年までの南朝関係の文書名と各々の文書の内容を摘記したもので、頼源は鰐淵寺が後醍醐天皇およびその系譜をひく南朝といかに深い関係を有するかということを後世に伝えようとしたのである。

注目すべきはそのなかの、以下のような一通の書き上げである（『出雲鰐淵寺文書』五四頁）。

一通　同宮（護良）令旨案元弘三年二月十三日、被下之、於伯耆国船上山請取之、正文者可有北院、

船上山の行宮の碑　鳥取県東伯郡琴浦町（琴浦町観光協会提供）

この記載によると、鰐淵寺衆徒は元弘三年二月一三日付で大塔宮《おおとうのみや》護良親王より令旨を下されていることがわかる。その内容は時期的にみておそらく鰐淵寺に対する軍勢催促であろう。注目すべきは、その令旨を請け取った場所が他ならぬ伯耆国船上山であるということが記された

点である。令旨の日付の時点ではいまだ後醍醐は隠岐にいる。しかし令旨自体は船上山で請け取られているから、護良はその令旨をそののち後醍醐の拠る船上山に移送したことになる。なぜそのような措置をとったかというと、請取者の鰐淵寺にとってそのほうが地理的に好都合だったからであろう。ここからは護良が鰐淵寺のために便宜をはかったこと、さらにそれが実現しているのだから護良と後醍醐とはひとまず連携関係にあったことを知ることができる。

討幕のための軍事指揮

次に、討幕にむけての軍事指揮権の所在である。簡単にいえば、討幕のための軍事行動を指揮したのは後醍醐か護良か、或《あるい》いは双方かということである。このことを考えるうえで先の頼源文書送信状の記載内容が参考になる。この目録には軍事関係の後醍醐天皇綸旨《りんじ》がみえない。このとき鰐淵寺衆徒はなぜ後醍醐綸旨ではなく護良令旨を受けたのであろうか。

そこでこの時期の後醍醐および護良の発給文書を調べてみると、後醍醐は所願成就を発願する元弘二年八月一九日願文（『出雲鰐淵寺文書』四五号）を残しているものの、軍勢催促などの軍事行動の実際にかかわる内容の綸旨はまだ出していない。けれども他方護良は元弘二年六月以来間断なく軍事関係の令旨を出し続けている。

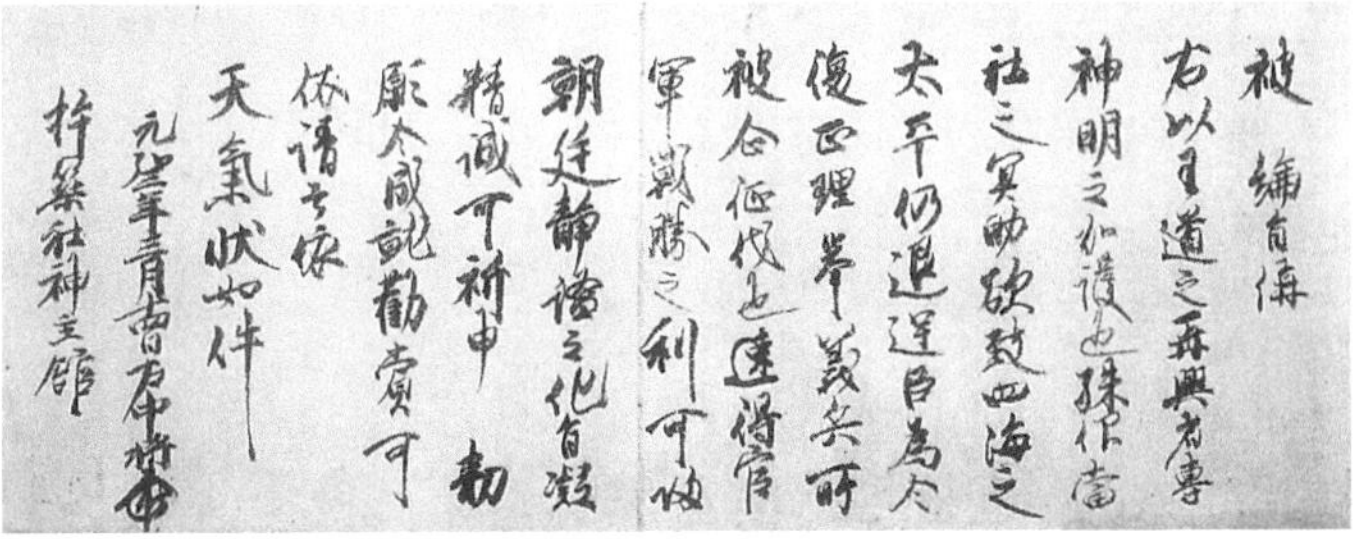

「千家文書」元弘３年３月14日後醍醐天皇王道再興綸旨（出雲大社所蔵）

結論的に筆者は以下のように考えたい。すなわち、元弘三年二月という討幕行動の初期段階では軍事指揮権は後醍醐ではなく護良が握っていたのではないかと。後醍醐の討幕を呼びかける綸旨の登場は、管見の範囲では「相見家文書」元弘三年三月四日後醍醐天皇綸旨（巨勢宗国の合戦忠を褒め恩賞を約す。「日本歴史」649、二〇〇二年六月、巻頭口絵）が最初であり、それまでは軍勢催促はすべて護良令旨によっている。

　このようにみてくると、後醍醐隠岐配流中の討幕運動は主として護良によって担われたため、後醍醐は船上山にあってもこれを追認して自らの綸旨でもって討幕運動を主導することをあえて控えたのではないか。そのうち事態がそれを許さなくなったため、後醍醐自らが乗り出すことになったのではないか。そのターニングポイントとなったのは、「千家文書」元弘三年三月一四日付の所謂《いわゆる》「王道再興の綸旨」であったろう。要するに、後醍醐が船上山に移った当初の段階では、討幕の軍事指揮権は後醍醐ではなく護良が握っていたのではないかという想定ができるのである。

豊後大友貞宗あて尊氏書状

足利尊氏が伯耆国の後醍醐の討幕命令をうける形で、配下の武士たちに討幕の挙兵を呼びかけたのは元弘三年四月末のことである。詳しくは以下の該当箇所で述べるが、ここではその尊氏の後醍醐との接触にさきだつ、九州の豊後《ぶんご》国を本拠とする有力武士大友貞宗の動向、および彼を含んだ九州の武士たちのそれについて述べておきたい。

結論的にいえば、筆者は足利尊氏に先んじて、豊後の大友貞宗が伯耆の後醍醐と接触したのではないかと考えている。ここを掘り下げることによって尊氏と後醍醐との結びつきが絶対的なものではなく、むしろ相対的であることをうかがうことができる。

まず以下の史料をみよう。小松茂美『足利尊氏文書の研究Ⅱ（図版篇）』（旺文社、一九七七年九月、一二二頁）などに収録される著名な足利尊氏書状である（柳川《やながわ》市「大友家文書」）。

「筆者粟生入道云々」

自伯耆国、蒙　勅命候之間、令参候之処、遮御同心之由承候之条、為悦候、其子細申御使候畢、恐々謹言、

（元弘三年）四月廿九日　　　　高氏（足利）（花押）

大友近江（貞宗・具簡）入道殿

この文書についてはすでに吉原弘道の言及がある（「建武政権における足利尊氏の立場」、「史学雑誌」一一一―七、二〇〇二年七月）。冒頭の別筆「筆者粟生入道云々」にみる「粟生入道」とはこの文書の染筆者で、能登国羽咋《はくい》郡粟生保《あおほ》を名字地とした粟生四郎左衛門入道禅であることが小松茂美によって指摘されている（『足利尊氏文書の研究Ⅰ（研究篇）』九九―一〇二頁）。粟生入道は足利尊氏の被官の一人であったと考えられる。九州の有力武士に向けて発された、小絹布に書かれた三通の尊氏書状（右の豊後大友貞宗のほか、肥後《ひご》阿《あ》蘇《そ》惟時《これとき》、薩摩《さつま》島津《しまづ》貞久《さだひさ》あて）はすべてこの「粟生入道」の筆である。小松はさらに、粟生入道がこれらの尊氏書状を書いたのは丹波篠村宿の尊氏陣営においてであるとしている。

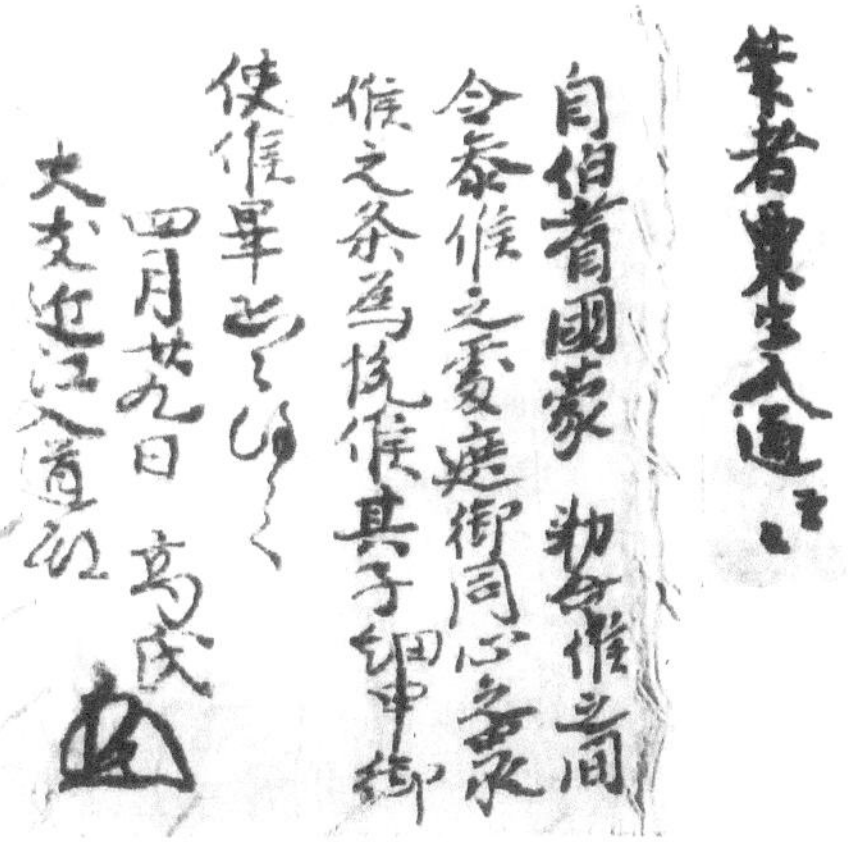

「大友家文書」［元弘３年］４月29日足利尊氏書状
（立花家史料館所蔵、柳川古文書館寄託）

問題となるのは、右の大友貞宗あて尊氏書状の「遮御同心之由承候之条、為悦候、其子細申御使候畢」の箇所である。同種の尊氏書状は四月二七日付（一三点）と四月二九日付（右の三点）の計一六通が知られているが、その文言についてみると、ほぼすべて「自伯耆国、蒙　勅命候間参候、令合力給候者、本意候、恐々謹言」という基本型をくずさないが、ただ一点、右掲の豊後の大友貞宗あてのものだけが異彩を放っている。

　となると足利尊氏の大友貞宗への対応は、他のものたちへのそれとは異なっていたとみなければならない。ではなぜ尊氏が貞宗を特別に扱ったかというと、貞宗のもつ後醍醐との関係の特殊性にほかなるまい。

　そうしたことを念頭において右の尊氏書状の文言をみよう。尊氏はまず、このたびの討幕の軍事行動は伯耆の後醍醐天皇の勅命をうけたものだということを強調する。これに続く「遮御同心之由承候之条、為悦候」はいかなる事実を背後に秘めているか。ポイントとなるのは「遮御同心」である。「遮」（さえぎって）とは「起る或る事に対して先んじる、すなわち先立ってする」（『時代別国語大辞典室町時代編三』三省堂、五三頁）ことで、簡単にいえば「先手を打って」という意である（用例として『看聞日記』嘉吉三年〈一四四三〉六月二五日条の嘉吉の乱のくだり「所詮赤松（満祐）可被討御企露顕之間、遮而討申云々」をみよ。『続群書類従本下』六三〇頁）。とすれば「遮御同心」とは、大友貞宗が足利尊氏に先んじて、後醍醐と接触し討幕への戮力《りくりょく》を申し出たとみなければなるまい。尊氏は自分より前に貞宗がそのような行動をとったことをおそらく後醍醐サイドから聞いて「為悦候」とひとまず心強く思ったことを告げ、さらに「其子細申御使候畢」、つまり細かなことは御使に申してあります、といっているのである。他の書状が具備する「早相催一族、可被参候」という文言もない。尊氏―貞宗間の格別の連携はすでにここで成立したとみてよい。

『博多日記』にみる九州

では大友貞宗はいったいどの段階で船上山に密使を派遣したのであろうか。このことを考えるためのヒントはいくつかある。そのなかで注意されるのは元弘三年三―四月の九州方面の政治情勢を伝える「博多日記《はかたにっき》」（東福寺《とうふくじ》僧良覚《りょうかく》の日記。角川文庫『太平記㈠』巻末付録）である。同日記についての解説は略するとして、大友貞宗の動向に注目すると、元弘三年三月二三日の条に、「先帝（後醍醐）の院宣所持の人、八幡弥四郎宗安」が去る二〇日に鎮西探題《ちんぜいたんだい》の御所の陣内で「院宣」（後醍醐天皇綸旨）を「大友殿」（貞宗）に付けようとして逆に召し取られたとみえる（同書五二二頁）。

大友貞宗は当時豊後守護の地位にある九州の有力武士の一人で、筑前《ちくぜん》守護の少弐貞経《しょうにさだつね》らとともに鎌倉幕府の九州支配の一翼を担っていたが、『博多日記』の現存記事が始まる元弘三年三月一一日の段階では肥後の有力御家人菊池武時《きくちたけとき》とともに、すでに討幕側に傾きかけた状況にあった。おそらく護良親王からの誘引の令旨が届いていたものと思われる。しかし同一三日に少弐貞経・大友貞宗に先んじて反幕挙兵した菊池武時は、少弐・大友の与同を得られず、単独で鎮西探題館に攻め入りかえって討ち取られてしまった。

そのような状況のなかで、右で述べたように、同二〇日に今度は「先帝（後醍醐）の院宣」がもたらされるのである。捕らえられた八幡弥四郎宗安は「大友（貞宗）・筑州（少弐貞経）・菊池・平戸・日田・三窪、（に充てられた）以上六通」の「院宣」を「帯持」していたという。九州から討幕の軍勢を集めようとした後醍醐天皇がどのへんに期待をかけたかおおよその見当はつく。

以上のことを総合して考えると、討幕への誘引をうけていた大友貞宗の腹は元弘三年三月二〇日の段階ではまだ固まっていなかった。そこに後醍醐の討幕綸旨が届けられたのであるから、持参した使者は捕らえられた。その後も状況は刻々と変わってゆく。大友貞宗はある時点で討幕を決意し、すでに伯耆船上山に本拠を構えていた後醍醐天皇に協力を申し出るための密使を派遣したのであろう。それがいつかは明確でないが、『博多日記』の記事や尊氏書状の日付から考えると、すくなくとも、三月後半から翌四月の前半くらいの間に限定されよう。

前述したように、後醍醐の本土帰還後、討幕軍の軍事指揮権は当初護良に握られていたが、元弘三年三月半ばのいわゆる「王道再興綸旨」あたりから後醍醐も軍事指揮をおこなうようになってくる。この軍事指揮権の所在の問題が、九州の政治情勢に大きく影響したと筆者は考えている。尊氏が後醍醐とコンタクトをとる以前に貞宗の後醍醐との関わりがあったとは意外であるが、このことは後醍醐—尊氏の関係が当初より絶対的なものではなく、むしろ他の者が入り込めるような相対的な性格のものであったことは注意してよい。

後醍醐にとって問題を残したのは、後醍醐が軍事に関与しはじめたとき、護良との間の軍事的な統属関係を調整しなかったことであろう。護良はこののちもこの自らの政治的意志の表明である令旨を出し続け、やがて後醍醐の綸旨との対揚を招くことになる。これは後醍醐—護良父子間の確執のルーツともいえよう。

伯耆国よりの勅命——尊氏の転身

元弘二年（一三三二）六月の従五位上への昇任記事を最後に一次史料から姿を消していた足利尊氏は、約一年ほどのちの元弘三年四月二七、二九日付で俄然《がぜん》多くの書状を残している。隠岐から脱出し伯耆国船上山に拠った後醍醐天皇の討幕の「勅命」を受けてこれを伝達する形で軍勢を催促するものである。尊氏が明確に反幕府の態度に転じた最初である。

尊氏はこれに先だち後醍醐の再挙の報を受けてその追討のために「搦手《からめて》ノ大将」（『太平記巻九』）として軍勢を率いて上洛していた。その鎌倉発は元弘三年三月二七日、京都到着が同四月一六日とされている。尊氏の転身の契機となったのは、「大手《おおて》ノ大将」（同）としてともに軍勢を率いて上洛した北条一門名越《なごえ》高家が、同四月二七日の京郊の久我縄手《こがなわて》で石清水八幡に拠った後醍醐軍と戦って敗死したことといわれている。

問題は尊氏が明確に討幕側に転じた時点である。それはおおざっぱにいって討幕の軍勢を催促する書状を発した四月二七―二九日の間に属することは明らかで、秘密保持の観点からみてそれより早いことはまずあるまい。尊氏が後醍醐から討幕の「勅命」を受けた経緯については『太平記巻九』に記事がある。

カヽル処ニ足利殿（尊氏）ハ京着ノ翌日ヨリ、伯耆船上へ潜ニ使ヲ進セラレテ、御方ニ参ズベキ由ヲ申サレタリケレバ、君（後醍醐）コトニ叡感アリテ、諸国ノ官軍ヲ相催シ、朝敵ヲ追罰スベキ由、綸旨ヲゾ成シ下サレケル。

右の記事によれば、尊氏は京着の翌日（四月一七日）から伯耆国船上山の後醍醐のもとに使者を進めて味方したい由を言上したところ、後醍醐はたいそう喜んで諸国の「官軍」（討幕軍）を催促し指揮することを許可する綸旨を下した、ということになる。検討すべき問題がいくつかある。一つは、京着の翌日から後醍醐のもとに戮力を申し出る密使を遣わしたかということであるが、「翌日」では尊氏書状の日付（二七、二九日）との関係からみて早すぎるであろう。実際に密使の派遣はもっと遅く、おそらく名越高家戦死直後の二七日であった可能性が高い。なお尊氏はこの戦いに参戦しているので、敵軍の予想外の強さに驚き、寝返る気持ちを強くした可能性も否定できない。一刻の猶予も許されないなかで、尊氏は所縁《ゆかり》の丹波篠村八幡宮《しのむらはちまんぐう》に所願成就を祈願する願文を元弘三年四月二九日付で納めている（「篠村八幡宮文書」足利尊氏願文、『鎌倉遺文四二』三二一一〇号）。このときこそ尊氏が乾坤一擲《けんこんいってき》の大きな決断を下した歴史的瞬間であった。

いま一つの問題は、伯耆の後醍醐に戮力を申し出たのは尊氏のみだったかということである。もし尊氏のほかにも後醍醐と接触したものがいたとすれば尊氏の立場は相対化される。前述したように、尊氏書状には四月二七日付と四月二九日付の二種類がある。このうち前者はおもに畿内近国の武士にあてられ、後者はいずれも小絹布に書かれ、九州の有力武士三人に宛てられている。三人とは、豊後の大友貞宗（具簡《ぐかん》）、肥後の阿蘇惟時、薩摩の島津貞久（道鑑《どうかん》）である。

こうした早い時点で、尊氏が後醍醐天皇の勅命をうける形で、残存史料で知られる限りでも大友・阿蘇・島津といった九州の有力武将との間に設定された軍事指揮権を行使する回路は、尊氏が建武以降において九州に広範な軍事的基盤を築くうえで有効に作用したであろう。他方では、護良親王が後醍醐在隠岐のころ九州の討幕勢力の掘り起こしに殊に力を注いだだけに（元弘三年二月に九州の武士に宛てた護良令旨が二通残存。「牛屎院文書」「三原文書」）、建武政権成立後に尊氏と護良の間で九州における軍事指揮権をめぐる争奪戦が起こったと思われる。最終的にはそれは尊氏の手中に落ちることになるが、そのことはのち尊氏と護良の間に厳しい対立関係を引き起こす誘引の一つとなった。

尊氏の着到証明――証判《しょうはん》

鎌倉幕府の倒壊劇は、元弘三年五月七日の京都・六波羅《ろくはら》探題《たんだい》陥落、同二二日の本拠鎌倉の陥落を経て、同二五日の博多・鎮西探題の滅亡をもって幕切れとなる。約一五〇年にわたり日本列島に支配権を保持してきた鎌倉幕府にしてみれば、この東西相呼応した終局は、まさに一朝にしての巨大組織の崩壊という感じを否めない。『太平記巻一一』はその様子を「六十余州悉ク符ヲ合セタルガ如ク、同時ニ軍起テ、僅《わずか》ニ四十三日ノ中ニ滅ケルコソ不思議ナレ」と描写している。

基本的には従来の荘園制社会の枠組みを維持しようとした幕府が、その基盤の動揺を得宗の専制権強化でもって支えようとするときそこには種々の矛盾が生ずるのは当然であって、幕府は潜在的な抵抗勢力を扶植させた。この一朝にしての幕府滅亡は、いわば一触即発の状況にあったこのような反幕のエネルギーが一挙に暴発した結果であった。したがって鎌倉幕府を倒壊に追い込んだ討幕勢力がそれぞれに立場や利害を異にした、ただ討幕という最終目的のみにおいて一致した、本来個々バラバラの武力集団であったことはいうまでもない。

では尊氏は元弘の討幕勢力をどのように結集したのであろうか。その特徴は、同時期同じような目的で軍勢を催促していた護良親王の場合と比較すると明瞭になる。細かく説明する余裕がないので、肝心なことのみ整理すると以下のとおりである。

①右の（元弘三年）四月二九日書状以降の尊氏の軍事への関わり方をみると、尊氏はのちに常用する御教書《みぎょうしょ》形式での軍勢催促をまったく行っていない。では尊氏はどういう方法で参集した軍勢を自らの陣営に繋ぎとめたかというと、畿内近国各地から馳せ上った武士たちが提出した着到状（武士が出陣したことを報告し、その認定を求める文書）の奥にそれを認めるサイン＝証判を据えることによって専らこれを行っている（筆者は元弘三年五―一二月の間に約五〇点の尊氏証判を確認した）。

②他方、同じ時期の護良親王の場合をみると、彼は討幕に向けての令旨を出し始める元弘二年六月の段階から親王の御教書すなわち令旨による軍勢催促（寺社に対しては「祈禱忠《きとうちゅう》」を催促）を継続して行っている（元弘二年六月―同三年五月の間に約三〇点の同内容の令旨を確認した）。

右の①②によって尊氏・護良の元弘の乱における討幕勢力組織化への関わりを考えると、積極的な護良に対して、むしろ消極的とも思える尊氏の姿勢とが対比的に浮かび上がってくる。これはおそらく両人の討幕運動への関わり方の質的相異に起因することがらであろう。

第二章　足利尊氏と後醍醐天皇

一　建武政権下の足利尊氏文書

元弘三年の尊氏文書

後醍醐天皇の主宰する建武政権の存続期間については、狭義ではおおよそ後醍醐が京都に帰還した元弘三年（一三三三）六月（同五日に二条富小路内裏《にじょうとみのこうじだいり》に入る）より、同政権の屋台骨を支えていた尊氏が政権から離脱した建武二年（一三三五）一一月（尊氏の解官は二六日）までの約二年半が妥当であると考える。ではこの間にいったい尊氏はどのように文書を発給しているのであろうか。建武政権下の尊氏の動向をうかがうために、まずこの間の尊氏の発給文書の特徴点を整理してみよう。

まず御教書《みぎようしよ》である。将軍の御教書をとくに御判御教書と敬称する習わしがあり、現在の刊行史料では将軍就任（暦応元年八月一一日のこと）の前であっても文書名を足利尊氏御判御教書とするものもある。御教書は所領をあてがう下文《くだしぶみ》とは違い、書状の系譜を引くどちらかというと私的性格を持つ文書である。尊氏の御教書の初見は、元弘三年五月一〇日伏《ふし》見稲荷社《みいなりしや》にあてて諸国の稲荷五社御供米《ごくまい》料所に対する狼藉《ろうぜき》行為を禁止したもの（「伏見稲荷大社文書」）とされている。尊氏は同月末から翌六月初頭にかけて地方武士の知行分所領に対する濫妨《らんぼう》狼藉を禁ずる内容の御教書を数点残している。

建武政権下で尊氏が残した御教書のうち次の一点はことさら興味深い。以下に引く。

召人幷降人等事、云預人、云警固、可被致計沙汰之状如件、

元弘三年六月十三日　　　　　　　　　　源朝臣（足利尊氏）（花押）

大友入道殿（貞宗・具簡）

（「大友家文書」、『鎌倉遺文四一』三二二六六号）

これは、豊後の大友貞宗にあてて合戦における囚人・降参人の処置を委《ゆだ》ねたものであるが、この文書が他の九州の有力武将をさしおいて特に貞宗に出されたのは、さきの伯耆よりの勅命を伝える四月二九日尊氏書状によって結ばれた両者の軍事的関係のなかで考えるべきことであろう。

元弘三年一一月以降になると、これまでとは異なる内容の尊氏御教書があらわれる。伊《い》豆《ず》・相模《さがみ》・武蔵《むさし》・信濃《しなの》といった関東の中枢地域にかかわる案件を内容とする御教書の登場である。たとえば相模国鶴岡八幡宮《つるがおかはちまんぐう》の供僧職を安堵《あんど》（承認）したり、武蔵国木田見郷一分地頭職への濫妨停止を指示したり、また伊豆国宇佐見郷を足利被官に与えたりするものである。これは尊氏の当該地域への強固な職権的支配権によるものであり、『神皇正統記』

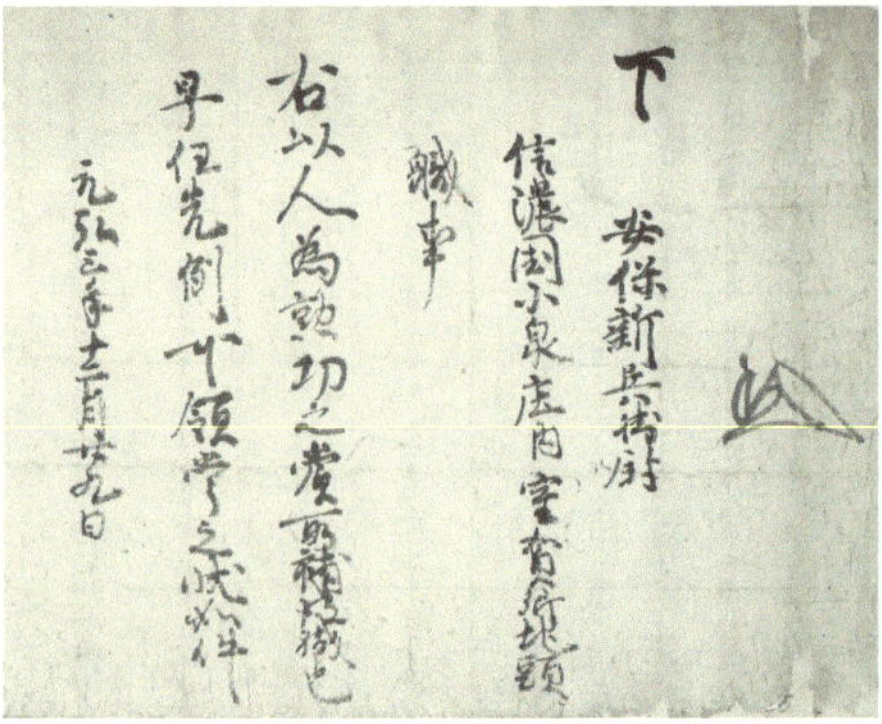
下
安保新兵衛尉
信濃国小泉庄内室賀郷地頭職事
右以人為勲功之賞所宛行也
早任先例可領掌之状如件
元弘三年十二月廿九日

「安保文書」元弘 3 年 12 月 29 日足利尊氏袖判下文
（横浜市立大学学術情報センター所蔵）

のいう尊氏に与えられた「三ヶ国ノ吏務・守護」を中核とする、尊氏の関東地方における公的権限にもとづいている。武士領主の知行分所領に対する濫妨狼藉を排除する内容のものもある。

次に注意すべきは、わずか一点のみだが袖判《そではん》下文の存在である。袖判下文は武門の棟梁《とうりょう》たる将軍が配下の武士に所領を与えるときに使用する文書形式である。尊氏についてみると、後述するようにのちの南北朝時代には戦乱の時代を反映して、尊氏は将軍としておびただしい数の袖判下文を残している。その南北朝時代に本格化する尊氏袖判下文のはしりのような形で、元弘三年末にポツンと一点だけ残っているのである。

具体的にいうと、それは、信濃国小泉荘内室賀郷地頭職を勲功賞として安保光泰にあてがう内容の、元弘三年一二月二九日足利尊氏袖判下文である（横浜市立大学所蔵「安保文書」）。尊氏袖判下文の初見として周知のものであるが、佐藤進一のいう尊氏の主従制的支配権の形成過程を考えるとき重要な材料となる。以下にその文書を掲出する。

下　（花押）（足利尊氏）

　安保新兵衛尉（光泰）

　信濃国小泉庄内室賀郷地頭職事

右以人、為勲功之賞、所補彼職也、早任先例、可領掌之状如件、

　元弘三年十二月廿九日

（横浜市立大学所蔵「安保文書」）

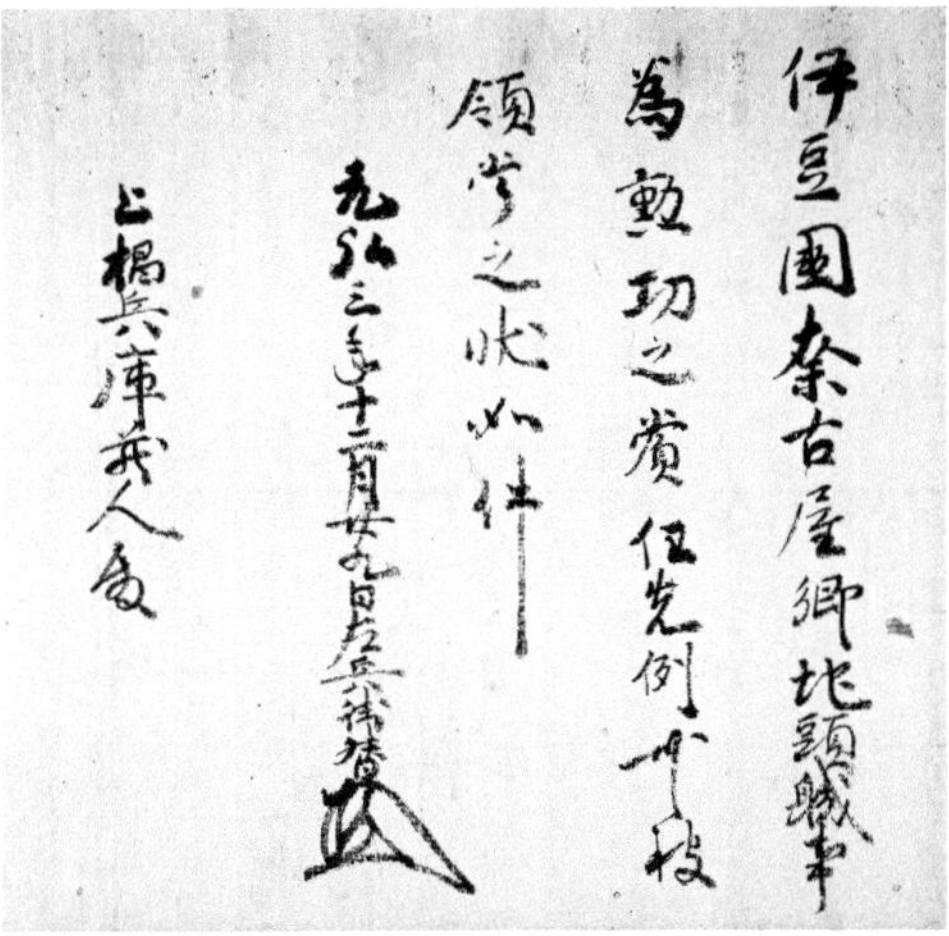

「上杉家文書」元弘3年12月29日足利尊氏御教書
（米沢市上杉博物館所蔵）

なお、これと同じ日付で伊豆国の奈古屋郷・宇佐見郷・多留郷などの地頭職を被官たちに勲功賞として安堵する尊氏御教書が三点ほど残っている（「上杉家文書」等）。袖判下文ではないところに注目すべきである。

一例を掲出する。

伊豆国奈古屋（田方郡）郷地頭職事、為勲功之賞、任先例、可被領掌之状如件、

元弘三年十二月廿九日　左兵衛督《足利尊氏》（花押）

上椙兵庫蔵人《憲房》殿

（「上杉家文書」、『大日本古文書 上杉家文書一』）

このほか、建武政権下での尊氏の文書発給の特徴としては、尊氏がこの期間日常的に全国の武士から提出される着到状に認定のしるしとしての証判を書き加えている。ちなみに、九州管内の武士が提出した着到状も散見するが、それらのうち時期的に最も早いのは元弘三年七月三日付である（「新田神社文書」新田宮権執印良暹《りょうせん》着到状、『鎌倉遺文四一』三二三三〇号）。

建武元・二年の尊氏文書

では翌年以降になるとどうであろうか。翌年以降、尊氏の文書発給の様相が変わってくるので項を改めて述べることとする。元弘四年は一月二九日に建武と改元された。この建武という年号が鎌倉幕府を倒して新政権を樹立した後醍醐にとって特別の意味があることは周知のところである。ここでは、建武元年初頭から同二年一一月末までの、尊氏文書の特徴を検討することとしたい。

一つめは、寄進状の急増である。尊氏の寄進状ではすでに一点、元弘三年一〇月四日付（「善法寺文書」、『石清水八幡宮社家文書』六六号）が認められたが、建武元年になると、二月―九月の約半年間に限ってもすでに全一三点が管見に入っている。寄進先の寺社についてみると、北野社《きたのしゃ》・清水寺《きよみずでら》・石清水八幡宮・篠村八幡宮など山城およびその周辺、さらに三島社《みしましゃ》・鶴岡八幡宮・富士浅間宮《ふじせんげんぐう》など地盤たる関東地方に所在するそれである。願意は天下泰平・家門長久、鎮魂供養などであるが、こうした寄進状の増加は尊氏の政治構想の実体化を反映している。

二つめは、従来の武蔵・相模・伊豆といった関東の中枢というべき地域における支配権の強化である。尊氏は御教書を発してこうした地域における所務沙汰《さた》（所領訴訟）に国司・守護として関与するとともに、相模万寿寺住持職を任命するなどしているが（「丹波安国寺文書」、『南北朝遺文 関東編二』七六号）、それらが尊氏の当該地域に対する支配権の一層の強化によって可能となったことはいうまでもない。

このほかに一、二補足しておこう。一つは、建武二年八月一〇日尊氏軍勢催促状である（「結城古文書写」、『南北朝遺文 関東編二』二六四号）。那須下野太郎（資家ヵ）にあてられたこの軍勢催促状の文面には「高時法師一族以下凶徒等事、為追罰、所令発向也、早相催促一族、不日可馳参之状如件」とあり、従来の消極的姿勢から一転積極的姿勢に変わったように思われるが、それ以降同年一二月一三日付（「大友家文書」、『南北朝遺文 九州編一』三五六号）に到るまで軍勢催促状を出していない。尊氏の心中は複雑でなかなかとらえにくい。

もう一つは九州の支配権の問題である。関係史料は左掲の二つ。いずれも薩摩の「島津家文書」（『南北朝遺文 九州編二』一二四、一二六号）に収録されている。

①鎮西警固事、於日向・薩摩両国者、致其沙汰、殊可抽忠節者、天気如此、悉之以状、
　九月十日（建武元年）　左衛門権佐（岡崎範国）（花押）
嶋津上総（貞久）入道舘

②鎮西警固幷日向・薩摩両国事、任　綸旨、可被致其沙汰之状如件、
　建武元年九月十二日　（花押）（足利尊氏）
嶋津上総（貞久）入道殿

右のうち①は、建武元年九月一〇日、日向《ひゅうが》・薩摩守護島津貞久に対して両国の警固を指令した後醍醐天皇綸旨《りんじ》、そして②はこれを施行した足利尊氏御教書（施行状《しぎょうじょう》）である。つまり②は①を執行するための手続き文書としての役割を果たしている。この二つの文書には早く網野善彦が注目し、以下のように解説している（『網野善彦著作集 六』岩波書店、二〇〇七年一一月、四一二頁）。

この綸旨（①のこと＝筆者）は文面からみて、日向・薩摩のみならず、鎮西諸国のすべてについて、恐らく各国守護充に発せられたであろう。それは正安二年（一三〇

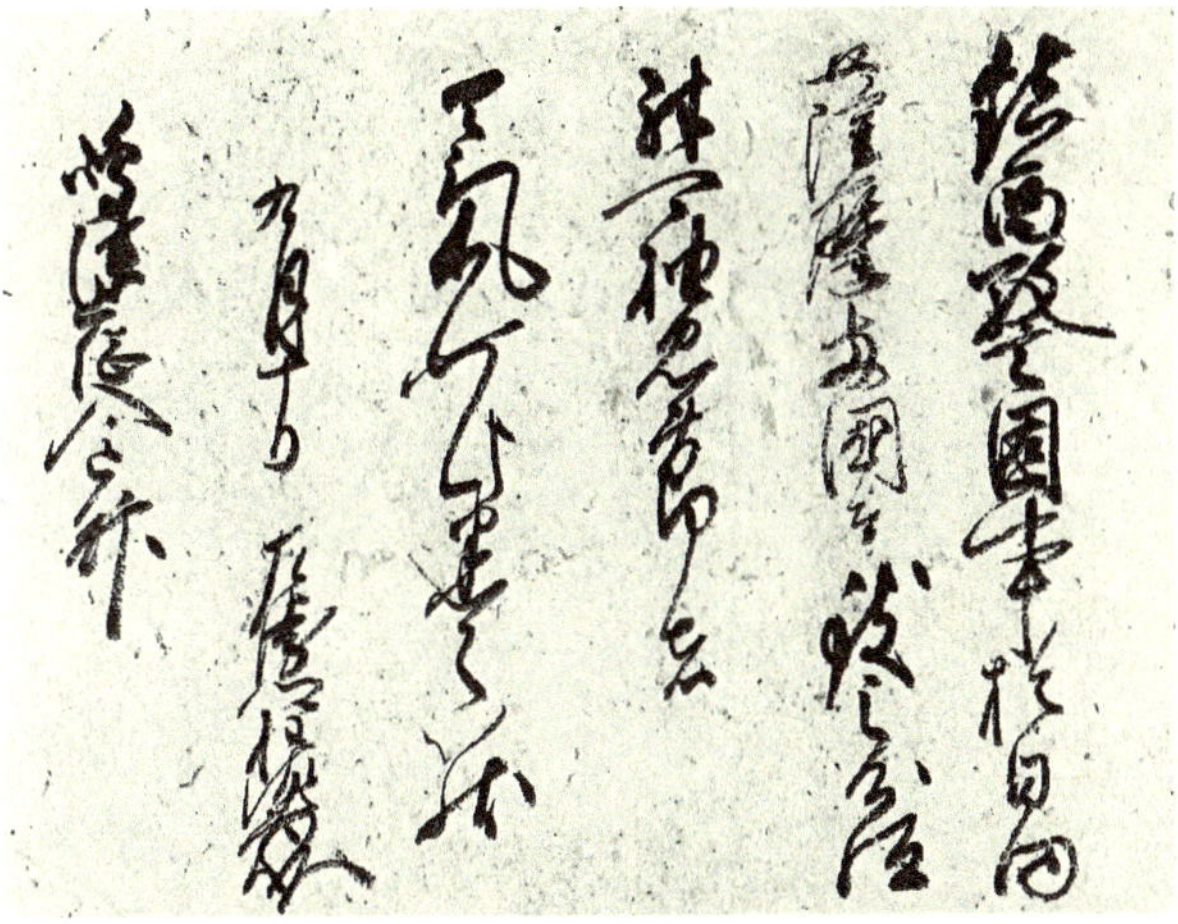

「島津家文書」［建武元年］9月10日後醍醐天皇綸旨（東京大学史料編纂所所蔵）

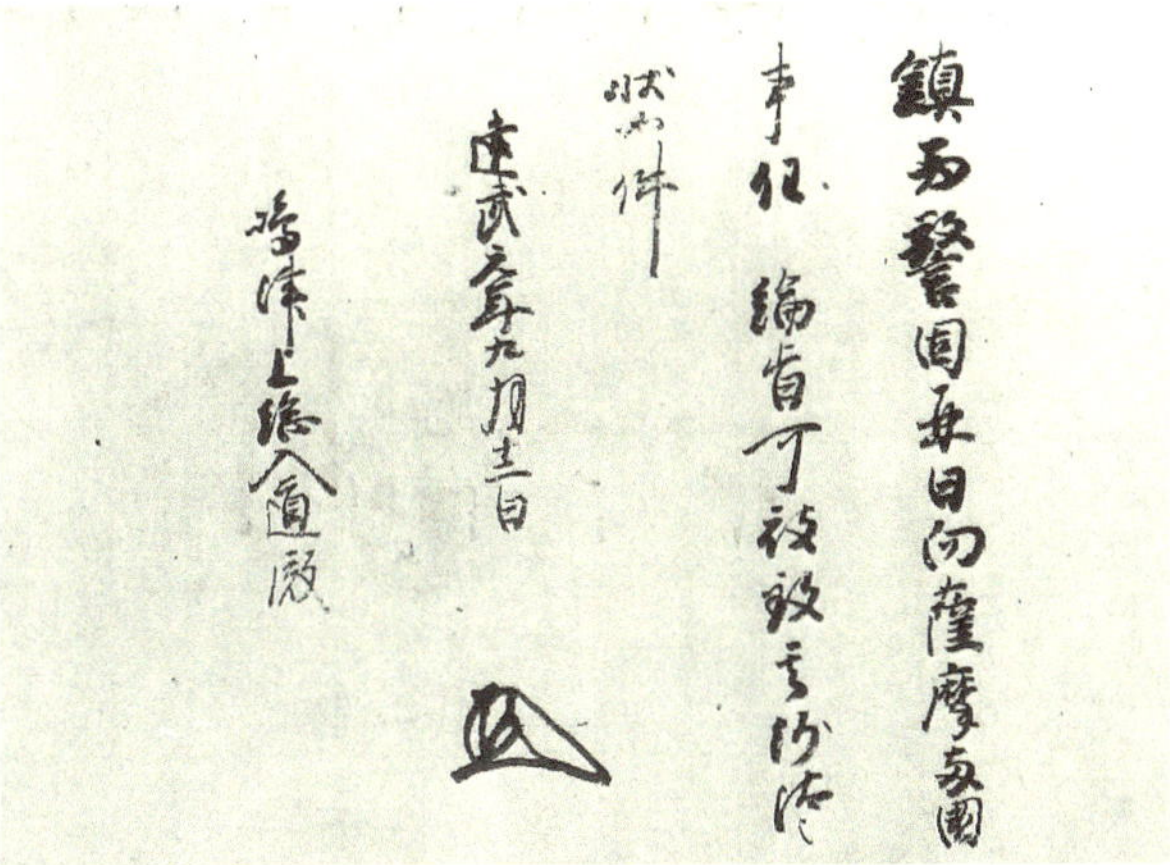

「島津家文書」建武元年9月12日足利尊氏御教書（東京大学史料編纂所所蔵）

〇）、同三年、島津久長充に幕府が指令した検断事及び海賊追捕の如き権限に、異国警固を加えた使命と推測して大きな誤りはあるまい。とすれば、それを施行した尊氏は、まさしく鎮西警固を統轄する公式の立場に立ち、鎮西軍事指揮権を掌握していたといえるのではあるまいか。

このような考えにたつと、尊氏の鎮西（九州）への関わりは先にみた、元弘三年四月二九日付の三通の尊氏書状（大友、阿蘇、島津あて）以来九州有力武士との間に構築された関係を踏まえたものであったといわねばならない。逆に後醍醐の側からすると、そうした尊氏が九州の武士たちとの間に切り開いたネットワークを綸旨の施行のために利用したということもできる。だとすると、のちに尊氏が後醍醐より離反すると、後醍醐はこのネットワークを使うことができなくなるのは当然のことであろう。ちなみに尊氏が①を施行する形で②を出せた背景には、先にもすこし述べるところがあったが、元弘三年二月ころより九州方面への支配権を伸ばそうとしていた護良親王が、ちょうど建武元年九月のころに失脚したという事実があることを忘れてはならない。

足利尊氏袖判下文

もっとも注目されるのは袖判下文である。これが以降の尊氏の政権樹立に直接的につながるのであるが、その最初は、建武二年七月二〇日尊氏が袖判下文でもって配下の武士に勲功の賞としての所領をあてがった事例である。元弘三年一二月二九日以来封印してきた発給をここに再開したのである。文書の具体的な内容は、尊氏が越後《えちご》国の武士と思われる葦谷義顕に対して勲功の賞として越後国上田荘秋丸村を与えるというもの（『思文閣古書資料目録』233、二〇一三年七月）。これまで知られていなかった新出の史料である。以下に示そう。

（足利尊氏）
（花押）
下　葦谷六郎義顕
　可令早領知越後国上田庄内秋丸村事、
右以人、為勲功之賞、所宛行也、早守先例可領掌之状如件、
　建武二年七月廿日

建武政権の最高権力者は後醍醐天皇であって、軍功として所領をあてがう権限は天皇に属していたので、勲功賞としての恩賞地給付は当初よりもっぱら後醍醐天皇が綸旨でもってこれを行っていた。他方、いかに権勢が大きかろうと尊氏は建武政権の構成員である限りこうしたことを行うことはできなかった。尊氏はこうした行為を意識的に封印していた

のである。それが建武二年七月二〇日になって出現しているからには、この間に何かの異変があったに相違ない。一体それは何だったか。筆者はその契機となったのは、この年七月に生起したいわゆる中先代の乱だと考えている。中先代の乱とは、簡単にいえば、鎌倉幕府最後の得宗北条高時の遺児時行《ときゆき》が中心となって幕府再興を企て鎌倉を短期間占拠した関東での争乱である。右の袖判下文はそうした軍事状況の中で考えるべきであろう。

ここで一つ興味深いことに気づく。同筆で二通の、同時期の袖判下文の存在である。右に新出の建武二年七月二〇日足利尊氏袖判下文を掲出したが、これと文書形式や内容が同じで、かつ日付も極めて近い建武二年八月日足利尊氏袖判下文が「東京大学白川文書」に収まっている。この文書は『白河市史　五』（福島県白河市、一九九一年三月、一一〇頁）に写真版とともに翻刻されている（同書での文書名は「足利尊氏下文」）。以下に示そう。

（足利尊氏）（花押）

下

可領知蒲田五郎太郎　陸奥国石川庄内本知行分事、

右人、為勲功之賞、可令領掌之状如件、

建武二年八月　日

（「東京大学白川文書」）

これをみると、まず袖の位置に尊氏の花押が据えられ、次行の頭に「下」と書かれた通常の形式であり、内容は「蒲田五郎太郎陸奥国石川庄内本知行分」を勲功の賞としてあてがうというものである。注目すべきは、ふつう「下」字の下には恩賞地の被給与者の名前がくるのにそれがないこと、所領の給付という恒久的な内容の文書の日付が「建武二年八月　日」となっており、その発給日が確定していないことである。これはおそらくこの袖判下文が作成途中であったことによるのではないかと考えたい。尊氏は、こうしたヒナ型というべき文書に被給与者の名前と日にちとを書き入れて下付したのであろう。

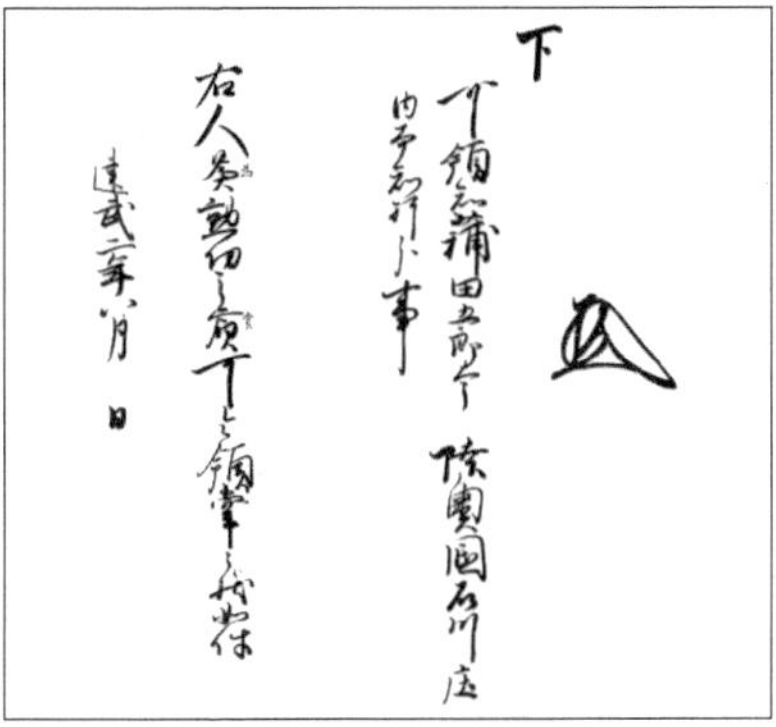

「白川文書」建武2年8月日足利尊氏袖判下文（東京大学史料編纂所所蔵影写本）

右掲の文書でいまひとつ注目すべきは、その筆跡と前述の建武二年七月二〇日尊氏袖判下文のそれとが酷似していることである。おそらく同一の右筆が書いたものであろう。この筆跡はほかにも認められる（例えば東京大学史料編纂所所蔵、建武二年九月二七日足利尊氏袖判下文、小松茂美『足利尊氏文書の研究Ⅱ』四四号など）。

さて本論に戻ろう。『梅松論』によれば、尊氏はこの乱を平定すべく同年八月二日に軍勢を率いて京都を立ち、力戦の末、同八月一九日鎌倉を奪回した。この武力争乱が結果的に眠っていた尊氏の武門の棟梁としての統治権的支配権を目覚めさせたといえる。武士たちの武家政権樹立への期待感はとくに関東で急速に高まりかつ実質化したものと思われる。

おりしも乱平定後、後醍醐は勅使を派遣して尊氏に帰洛を催促している。『梅松論』によれば、関東に下着した勅使頭中将中院具光《なかのいんともみつ》は、

今度東国の逆浪、速に静謐する条、叡感再三なり。但し、軍兵の賞においては京都に於て、綸旨をもて宛行《あておこなは》るべきなり。先早々に帰洛あるべし。

と、つまり「兵乱の早期平定に後醍醐天皇はご満悦であるが、軍兵の恩賞沙汰は京都において天皇の綸旨をもって行うのでこれには関与することなく、まず京都に帰るように」との後醍醐の意向を尊氏に伝えている。要するに、後醍醐は尊氏に対して「恩賞のあてがいをしないように」とクギをさしているのである。

しかし、封印されていた尊氏の袖判下文発給は、右述のように限定的ではあるが一旦《いったん》再開され、まもなく全面的に解禁されることになる。それは建武二年九月二七日のことであった。時期的にみると、さきの勅使による禁止通達の直後であろう。この日は尊氏にとって生涯の一大転機となった。勲功の武士に対して恩賞地を給付する袖判下文がこの日付で

全九点も残存している（「倉持文書」「佐々木文書」等）。尊氏にとっては、のちの後醍醐による官位の剝奪《はくだつ》（建武二年一一月二六日）を待つまでもなく、この日が後醍醐との実質的な決別のときであったとみてよい。おそらく尊氏は中先代の乱で力戦した軍功の武士たちの要求の声に押されて、彼らに対する恩賞給付を行ったのであろう。

ここで注意すべきことがある。『太平記巻一三』「足利殿東国下向の事」によると、尊氏は中先代の乱鎮圧のために東下するとき、関東での裁量権について後醍醐天皇と条件交渉をする場面がある。それによると、最終的には征夷《せいい》将軍の称はお預けになったものの、「直ニ軍勢ノ恩賞ヲ取行様ニ」（『太平記』三四七頁）、つまり軍功の将士に恩賞を直接与える権限を獲得することに成功するのである。右で述べた尊氏の袖判下文はこれを踏まえたものであると考えられるから、一方的な越権行為とはいえない。

二　建武政権下の対人関係

尊氏への破格の厚遇

二度の討幕クーデターに失敗した苦い経験のある後醍醐天皇が武門で名高い足利尊氏に大きな期待をかけ、味方に参ずることを願ったのは当然のことであろう。現に、討幕は第一に尊氏の功労だという声は早くからあった。史料の表現を借りると、「武士タル輩、イヘバ数代ノ朝敵也」という武士観に立つ北畠親房《きたばたけちかふさ》がその著作『神皇正統記』でいみじくも「抑《そもそも》彼ノ高氏（足利尊氏）御方ニマヰ（リ）シ、其功ハ誠ニシカルベシ」と評し、また『太平記巻一三』が、「今一統ノ御代、偏ニ尊氏ガ武功ト云ツベシ」と述べるとおりである。

それを裏書きするかのごとく、尊氏の官位昇進はめざましかったし、後醍醐天皇の偏諱《へんき》「尊」を賜り実名を「尊氏」と改めたのは元弘三年（一三三三）八月五日のことであった。尊氏および弟直義に与えられた恩賞地も群を抜いて多く、二〇ヵ国にわたる合計四五ヶ所の北条氏旧領を獲得している（「比志島文書」、『鹿児島県史料 諸氏系譜三』所収）。この恩賞地を書き上げたリストの成立は、その中に「伊豆国奈古谷□（郷カ）」がみえることから元弘三年と考えられるので（本書七九頁所載「上杉家文書」元弘三年一二月二九日足利尊氏御教書参照）、尊氏・直義は新政権成立直後にこれらの恩賞地を一括拝領したとみてよい。

右のうち尊氏の官位の昇進については『神皇正統記』が左のように述べている。

イツシカ越階シテ四位ニ叙シ、左兵衛督ニ任ズ。拝賀ノサキニ、ヤガテ従三位シテ、程ナク参議・従二位マデノボリヌ。三ヶ国ノ吏務・守護、オヨビアマタノ郡庄ヲ給ル。

さらに、歴代足利将軍を中心にその官位歴を記した「足利家官位記」（『群書類従四』所収）の尊氏の箇所から建武政権下の官歴を抜き出すと左のとおりである。

元弘三年五（六カ）月五日、為鎮守府将軍。今日、聴内昇殿／同六月十二日、叙従四位下越階。今日、任左兵衛督／同八月五日、叙従三位越階。同日、兼武蔵守、今日以高為尊／同四年正月五日、叙正三位／建武元年七月廿日、御笙始／同九月十四日、任参議左兵衛督・武蔵守如元／同二年八月九日、為征夷大将軍（実は征東将軍）、元鎮守府将軍／同月卅日、叙従二位勲功賞／同十一月廿六日、解官依勅勘也。

前述のように、尊氏は前朝の光厳天皇時代の元弘二年六月八日に関東の申請によってすでに従五位上に叙されていた。右の記述によると、尊氏は建武政権期に入って二年半の間に、官位では従四位下から従二位まで駆け上り、官職では鎮守府将軍、左兵衛督、武蔵守、

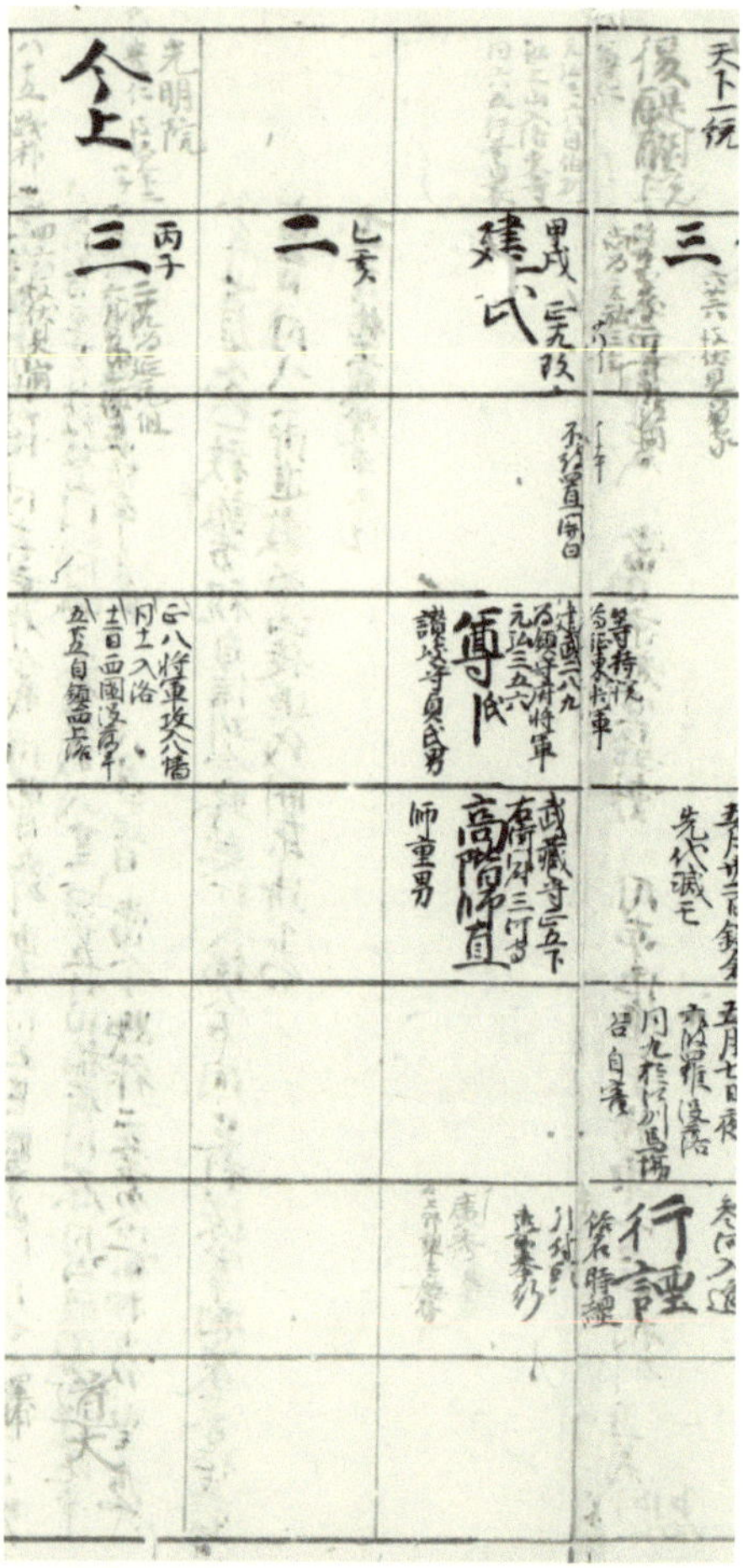

「公武年代記」の「征東将軍」の文字（国立歴史民俗博物館所蔵）　中央の尊氏にかけて「為征東将軍」とあり。

征東将軍を経歴したことがわかる。このうち征東将軍についていえば、「足利家官位記」は「征夷大将軍」とするがこれは誤りで、正しくは「武家年代記」（『増補続史料大成51』収録）や「公武年代記」（国立歴史民俗博物館所蔵）にみえる「征東将軍」が正しいと思われる（『公卿補任二』五七一頁は「夷東将軍」と記すが、征東将軍の誤であろう）。

尊氏の昇進の最大の理由は勲功賞であり、直接的には鎌倉幕府追討の功績およびその後の軍事的功績であることはいうまでもない（弟直義も左馬頭・従四位下に叙任）。それが後醍醐天皇の抜擢《ばってき》によることは疑いないところであるが、北畠親房はそのような先例を無視した武家への破格の厚遇を後醍醐の「乱政」と批判している。

いっぽう後醍醐も尊氏に対する牽制を怠っていない。『梅松論』にみえる、公家たちが好んで口ずさんでいたという「尊氏なし」の詞《ことば》は、後醍醐が尊氏を政権の中枢から意図的にはずしていた様子を示唆するものである。

後醍醐天皇との関係

こうした尊氏と後醍醐との関係は、武門の統括を企図しつつ後醍醐との間にも摩擦を生じた護良親王の問題を除けば、当初さしたる波瀾《はらん》なく維持されたにちがいない。しかし政権担当者たる後醍醐にとって第二の武家政権樹立の可能性を秘めた尊氏の存在は看過できるものではなかった。

足利側の立場から書かれた『梅松論』によると以下のとおり。建武元年六月七日、護良は尊氏を討つべく大将として尊氏の屋敷に押し寄せたが、首尾よくゆかず計画は失敗。背後から糸を引いていた後醍醐はすばやく責任転嫁したので、罪は護良一身に負わされることになった。かくして一件の張本人とされた護良は建武元年一〇月二二日の夜、参内のついでをもって武者所の手の者によって逮捕された。こうして護良の失脚への道が開かれる。同一一月護良の身柄は足利直義の腹心細川顕氏《ほそかわあきうじ》に請け取られ、鎌倉へと移される。

ここに尊氏は武門の支配権を奪取しようとする強力な政敵護良を排除することに成功した。しかし後醍醐にとっては依然として問題は解決されていない。後醍醐と尊氏がともに政治・軍事の主導権を握ろうと競合するかぎり、政権内部での内紛の火種は絶えなかった。尊氏と後醍醐との政治路線の食い違いが、翌建武二年七月に関東でおこった中先代の乱（後述）を契機に表面化したことはまちがいない。その食い違いは、前述したように、尊氏による恩賞地あてがいの袖判下文の本格的発給によっていっそう明確となる。

後醍醐天皇は中先代の乱鎮圧後の尊氏に対して帰洛を勧めるが、尊氏が応じなかったため、ついに尊氏に与えた官位を剝奪するという措置に出た。さきに引用した「足利家官位記」に「同(建武二年)十一月廿六日、解官依勅勘也」とあるように、「勅勘」（天子の怒り）による解官である。時に、建武二年一一月二六日。ここに後醍醐は尊氏とはっきりと決別するのであるが、尊氏にとってはどうだったかというと、けっして単なる決別といったようなシロモノではなかったところに以降の尊氏の切実な悩みのもとがあった。

他方、後醍醐天皇綸旨によってこの尊氏解官に至る経緯を調べてみると、後醍醐が「足利尊氏・直義以下之輩、有反逆之企之間、所被誅罰也」として両人追討の綸旨を出し始めたのは、建武二年一一月二二日のことであった。肥前《ひぜん》の大嶋通秀・松浦蓮賀（相知連）、肥後の上島惟頼ら九州武士にあてた計三点の綸旨が残っている（「松浦文書」「来島文書」「阿蘇文書」、『南北朝遺文 九州編 二』三三七―三三九号）。解官はこのわずか四ヶ日後のことである。この時点ではすでに直義の軍勢催促状は出ていたが（初見は建武二年一一月二日付）、尊氏のそれはまだ出ていない（初見は同年一二月一三日）。事態に対する後醍醐・尊氏・直義三人の対応の仕方にはいわば温度差があったのである。

護良親王との関係

鎌倉幕府を倒壊に導いた元弘の乱の殊勲者は先に述べた尊氏ばかりではない。むしろ最有力クラスの鎌倉御家人であった尊氏が後醍醐側に転身した最大のきっかけを作ったのは、尊氏の転身以前から地道な討幕活動をリードしていた護良であったことはいうまでもない。その点では護良が同じ討幕の殊勲者としては尊氏の先輩格の立場にいた。その様子は前述したように、『保暦間記』（『群書類従二六』所収）が「（護良は）元弘ノ乱ヲモ宗ト御張本有シゾカシ」と描くとおりである。

尊氏と護良との対立は、元弘三年六月五日に後醍醐天皇が二条富小路の内裏に還幸して天下が静謐《せいひつ》に帰したのちも、護良は容易に入京しようとしなかったところからすでに表面化していた。『太平記巻一二』によると、護良は大和の信貴山《しぎさん》に拠って尊氏の排除を要請したという。さらに同書によると、この護良の独走に困惑した後醍醐は、右大弁宰相坊門《ぼうもん》清忠《きよただ》を勅使として護良のもとに派遣し、「世已《すで》ニ静謐ノ上ハ急ギ剃髪・染衣ノスガタニ帰リテ、門跡相続ノ業ヲ事ト給ベシ」と再び仏門に戻ることをすすめたが護良は承伏せず、結局、同十三日に護良の将軍宣下を了承するかわりに尊氏誅伐《ちゆうばつ》の企てをすてるという条件をのませて、護良の平和裡《り》での入京を実現させた。このように公家《くげ》一統政府が成立した直後から、尊氏と護良との間は波瀾ぶくみで、早晩のっぴきならぬ険悪な状況が到来するであろうことは誰の目にも明らかであった。

両人の関係を考える上で興味深い史料がある。まず関係史料をあげよう。

①信濃国伴野庄事、先御寄附寺家之由、被仰高氏（足利）朝臣候了、小宅（播磨）三職事、去々年当知行之上者、不及被下　綸旨、所務不可有子細欤之由、被仰下候也、仍執達如件、

七月三日（元弘三年）　中納言（三条公明）（草名）

宗峯（妙超）上人御房

②信濃国伴野庄、任綸旨、管領不可（マヽ）相違者、依将軍家仰、執達如件、

元弘三年七月六日　左少将（四条隆貞）（花押）

宗峯（妙超）上人御房

①は、大徳寺《だいとくじ》の宗峯《しゆうほう》 妙超《みようちよう》にあてて信濃国伴野荘ならびに播磨《はりま》小宅《おやけ》三職を安堵するという内容の後醍醐天皇綸旨（『大徳寺文書一』七三頁）、また②は、同荘を綸旨に任せて妙超に安堵した大塔宮《おおとうのみや》護良親王令旨（『大徳寺文書別集 真珠庵文書七』一五九頁）である。文書の

役割のうえでは、まず①が出て、これを施行したのが②であるという関係である。問題となるのは信濃国伴野荘に関わることであるが、①に「先御寄附寺家之由、被仰高氏《足利》朝臣候了」とあるところからみると、後醍醐は信濃国伴野荘を大徳寺に寄附したことをまず尊氏に申し伝えていることが知られる。ここに尊氏の名が登場するのは尊氏が信濃国に一定の影響力を及ぼしていたからであろう。しかも①の伴野荘の部分は②によって施行されているから護良もまた信濃国に公的権限を有していなくてはならない。筆者はかつて、丹後国金剛院所蔵の元弘三年六月日某定恒禁制木札（『鎌倉遺文四一』三二三〇八号）によって、護良は当時丹後国の知行国主の地位にあったのではないかと推測したことがあるが（中公文庫『皇子たちの南北朝』六六頁）、右のように考えると、尊氏もまた同時期信濃国に対して何らかの公的な権限をもっていたのかもしれない。

このときすでに護良は、正式に「征夷大将軍」に任命されていた。②の護良令旨が「依将軍家仰、執達如件」と書き止められているのはそのことを証している。護良は「征夷大将軍」のポストを獲得して、武家社会を自らの手で統括しようと考えていたものらしい。尊氏がこのポストを欲しがったのも当然のことである。いずれにせよ、両人が志向する権力の性格から考えると、両者が早晩対立関係に陥り、やがて勝負をかけて対決することは火をみるより明らかであったろう。

なお、現在約八〇〇点ほど収集することのできる後醍醐天皇綸旨のなかで、誅伐の対象となる以前の段階で尊氏の名前がみえるのは唯一右掲の①のみであること、護良親王の権勢は②の段階ではいまだ衰えていなかったこと、を付言しておきたい。

護良親王の失脚は前項「後醍醐天皇との関係」でのべたように、すぐれて謀略的なものであった。その意味で、護良は政治的な罠《わな》にはまったともいえる。尊氏との関係でいえば、護良の存在とその政治的動向は、源氏の棟梁としてかつ武家社会の棟梁として武家社会のトップの座にいた尊氏にとって目障りなものであったに相違ない。目障りは排除するに越したことはない。護良が後醍醐に扇動されて尊氏追討の兵をあげて失敗した事件をとらえて尊氏は強力な政敵＝護良を失脚させるのに成功したのである。

ちなみに、このとき、尊氏が後醍醐天皇の寵妃《ちょうひ》阿野廉子の後援を得られたことは幸運であった。『保暦間記』には「御子成良親王ハ本ヨリ尊氏養ヒ進セタリケレバ、東宮ニ立テ奉リケリ」という記事がみえ、これによると尊氏は成良《なりよし》親王（建武二年には数え一〇歳）の乳父《めのと》だったことになる。となると成良の母廉子はおそらく継子護良との競合関係からも尊氏を支援する立場に立ったろう。廉子は後醍醐の寵妃であっただけに、後醍醐と尊氏との関係をうまく取りはからったに相違ない。ふりかえれば、元弘三年一二月成良が数ある皇子たちのなかで鎌倉府の主帥《しゅすい》に選ばれたのも、こうした成良と足利氏との由縁によろう。

楠木正成との関係

足利尊氏と周辺の武将たちとの関係のうち、もっとも興味深いのは楠木正成との関係である。従来楠木正成は後醍醐天皇の忠臣としてのイメージが非常に強く、ために正成は尊氏と厳しく対立したかのようなとらえ方をされてきた。それが本当かどうかについては再検討の余地がある。

周知のとおり正成は、確実なところでは、正慶元年（元弘二）六月の京都・臨川寺《りんせんじ》の文書に初めて姿を現すが、そこでの表記は「悪党楠木兵衛尉」であった。河内国《かわち》千早赤坂を本拠とする「悪党」の頭目のようなかっこうで忽然《こつぜん》と登場し、縦横無尽の活躍をとげた後醍醐の討幕運動の主要な柱の一つであった。後醍醐は京都制圧を確実とした時、元弘三年五月後半ころと思われるが、「入洛の輩存知すべき条々」と銘打って討幕戦に勝利して京都に入る武将たちに対し数ヵ条にわたる勅命を発した（「光明寺残篇」、『光明寺文書一』三六頁）。そのなかに「金剛山から正成を召し出せ」という一項があるところからみると、正成はまだ金剛山《こんごうさん》の軍陣のなかにあり、まさに野戦型の武士で、草の根の討幕戦で奮闘した様子を彷彿《ほうふつ》させる。建武政権ではその功績が評価され、後醍醐天皇の朝恩を受けた「三《さん》木一草《ぼくいっそう》」の一角をなした。新政権の構成員にも登用された。正成は、所領訴訟を担当する雑訴決断所、恩賞の審理を行う恩賞方、軍事・警察機構の武者所、後醍醐親衛隊と思われる窪所《くぼどころ》、といったような役所の職員を兼ねた。いわば建武政権の土台を支えるような役職である。

正成の場合注目すべきは武者所である。この機関には他に尊氏の執事高師直も構成員として所属しており、正成と師直は一緒に職務にあたった徴証がある（「小槻匡遠記《おづきただとお》」建武二年六月二二日条によると、西園寺公宗逮捕にともに相向かっている）。こうしたことから高師直は正成をはじめ多くの武士・公家の知己を得て交流したであろうことが指摘されている（亀田俊和《かめだとしたか》『高師直』吉川弘文館、二〇一五年八月、四一頁）。同様に正成の側からみると、正成は高師直を介してその家君足利尊氏の知遇を得、なんらかの人間関係を取り結んだ可能性は高い。

以下に述べる尊氏と正成との関係は、右のような両人の精神的な人間関係を下敷きにして考えると理解しやすい。尊氏と正成は軍事的には敵対関係にあることは間違いない。現に正成は建武三年五月二五日の摂津《せっつ》湊川《みなとがわ》の戦いで尊氏の軍と交戦して戦死している。ところが尊氏が当該期に出した軍勢催促状をみてみると、尊氏が正成を名指しして「凶徒」と称した事例が全くみられないことに驚く。「凶徒」とは敵将・敵軍を指弾するための常套《じょうとう》的表現であり、これを使用していないということは尊氏に何らかの思いがあったからに相違ない。以下に述べる新田義貞や北畠顕家《あきいえ》に対しては明確に「凶徒」と称しているにもかかわらずである。軍勢催促状における正成に対しての「凶徒」文字の不使用は、尊氏だけではなく、弟直義の場合も同様である。尊氏・直義の武士あての感状にもむろん「正成」の名は出てこない。

かつて豊田武は、国立公文書館所蔵「大乗院文書」の紙背文書のなかの、奈良興福寺に関係する僧侶と思われる朝舜という人物より「禅南院殿」（大乗院のなかの一院か）にあてられた、（無年号）六月二二（実は二カ）日付の一書状の追而書から、湊川合戦に関する極めて興味深い記事を探し出し、そこに尊氏の正成に対する心の内を浮かび上がらせた（「湊川合戦の一史料」『歴史地理』65巻5号、一九三五年五月。吉川弘文館『豊田武著作集七』一九八三年六月に収録）。この史料については豊田以後、横井清や樋口州男《くにお》の言及があるが、まず豊田の紹介した史料原文を以下にあげる。

尚々令申候、和田と申候
者、河内国守護、七月之
廿八日同人を兵庫迄遣て
候へは、晦日来候念仏を
申候者、楠判官（正成）廿五日（建武三年五月）申
時小家に火かけて自害仕
候を、足利（尊氏）殿手に細川殿
と申候同一属（族カ）、頸を取候、

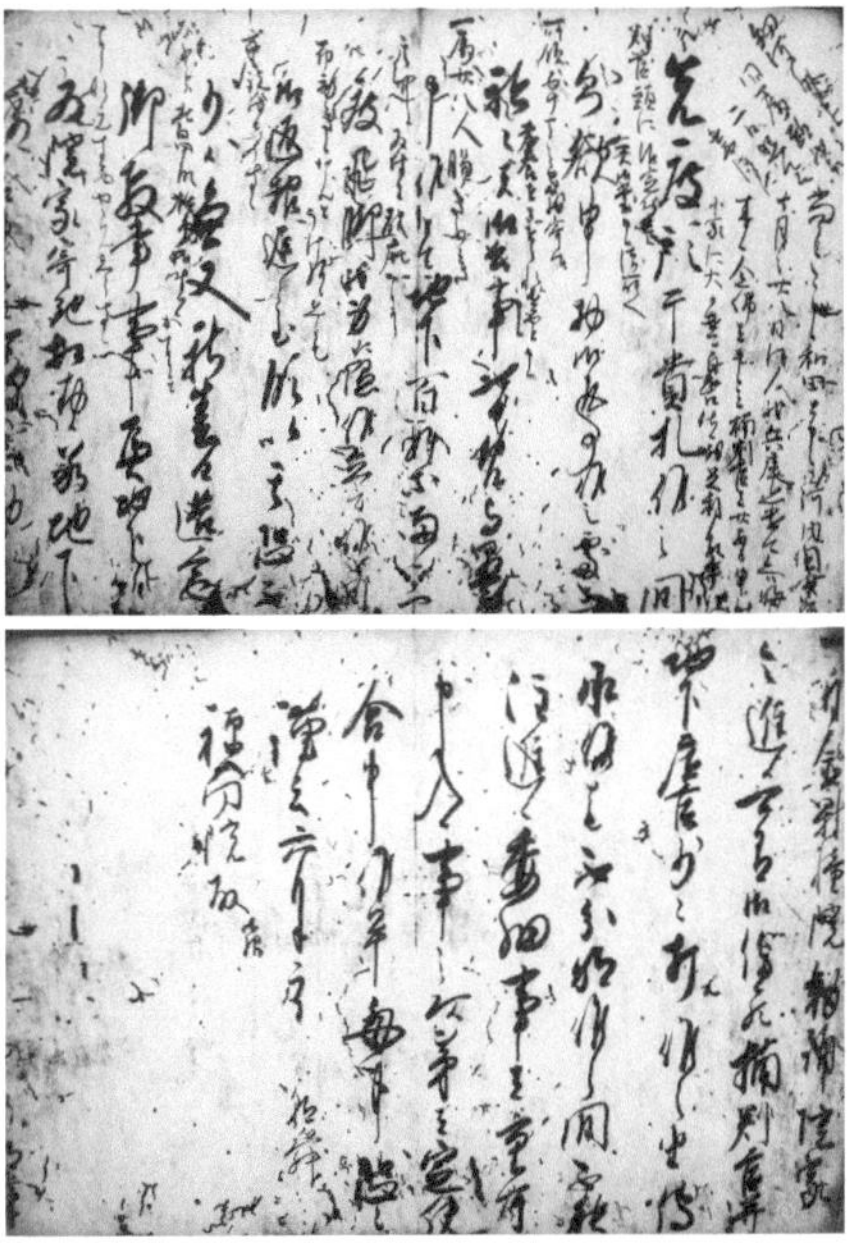
僧朝舜書状（国立公文書館・内閣文庫所蔵）

二日懸て候、兵庫陣に判官の頸に治定仕候て、魚御堂申候僧所へ所領五十丁(町)之処を寄て、孝養をさせられ候はやと申候、一属(族)廿八人腸(臓)きり候き、其中に為討て被疵をりから、布ひきに候なんとうけ給候とも、実説をしらす候、只今は北畠殿拾市(大和国)被坐候か、いかゞとせられらんするやらしらす候、

そこには尊氏が心ならずも合戦で正成を死に追いやったあと、湊川近くの「魚御堂」という所に田五〇町を寄進して正成の霊をねんごろに供養したことが記されている。この記事について豊田は以下のように述べている（話の出所は横井清の指摘のように、湊川合戦に従軍した時衆であったろう）。

この記事の中でとりわけ注意せられるのは、（尊氏が＝筆者注）敵ながらも田五十丁を寄せて、ねんごろに楠氏の霊を供養せんとしたことである。形勢の非なるを知りながら、ひとりふみとゞまつて雲霞の如き大軍と戦った正成の孤忠は、当時、敵味方共に感嘆してをつたものと見える。

右で豊田が指摘するような尊氏の正成に対する思いが、軍勢催促状での「凶徒」文字の使用を憚《はばか》らせたのかもしれないし、その可能性は高い。尊氏は正成の武士としての「いさ

ぎよさ」を高く評価し、内心敬意を抱いていたのであろう。その意味では、摂津国湊川での対決は彼らが望んだものでは決してなく、いかんともしがたい歴史の皮肉といえるのかもしれない。

こう考えると『梅松論』に、建武三年二月正成が後醍醐に対して、「義貞（新田）を誅伐せられて、尊氏卿（足利）をめしかへされて、君臣和睦候へかし。御使におひては正成仕らん」、つまり「義貞を誅伐し尊氏卿を召し返して、君臣和睦《わぼく》されよ。その尊氏を召し返す使者には自分が立とう」と進言したという話が出てくるが、以上述べたような尊氏―正成の関係を踏まえると容易に理解され、このエピソードは俄然《がぜん》真実味を帯びてくる。

新田義貞との関係

新田氏は源義国の子義重（足利祖義康の兄弟）に始まる。つまり足利氏とは同門である。義重は御家人となって鎌倉将軍との間に主従関係を取り結んだが、将軍家や北条執権家と折り合いが悪く、足利氏とは異なって優遇されることがなかった。

義貞は朝氏《ともうじ》の嫡子。その生年は確定していないが、かりに正安三年（一三〇一）とする通説を採用すれば、義貞は尊氏より四歳年長ということになる。元弘三年（一三三三）正月、幕府の命令に従って楠木正成らがこもる河内金剛山攻撃に加わったという。義貞は当時無位無官であった。これは尊氏がすでに従五位上・前治部大輔だったのと対照的であり、武家社会における二人の声望の差は歴然としていたであろう。
義貞の軍事行動は京都の六波羅探題が陥落する元弘三年五月ころよりはっきりしてくる。この義貞がやがて鎌倉幕府を滅亡（同年五月二二日）に追いやる軍事行動のリーダーになるわけだが、挙兵の外的要因として護良親王の誘引があったこと、さらに背後に尊氏の命令があったことは事実であろう（『太平記』『増鏡』）。南北朝期の成立とされる『保暦間記』は以下のように尊氏の関与を明確に証言している。陣頭指揮は尊氏の嫡男義詮がつとめていたことも見落とせない。

亦、上野国ニ尊氏（足利）一族新田義貞ト云者アリ。早鎌倉へ発向ス。尊氏ガ息男（義詮）アリ。共ニ致スベキ由ヲ尊氏催促ス。則義貞彼命ヲ受テ、武蔵・上野・相模等ノ勢ヲ催シテ鎌倉へ駈上テ、高時（北条）ノ一族等ヲ責メ、尊氏ガ息男同旗ヲ上グ。高時ガ一族家人馳向テ、去元弘三年五月中旬ヨリ、毎日所々合戦ヲス。

建武政権は新田一族にもあつい恩賞を与えた。『太平記巻一二』によれば、義貞に上《こう》野《ずけ》・播磨両国、子息義顕《よしあき》に越後国、義貞の弟義助《よしすけ》（脇屋《わきや》）に駿河《するが》国といったぐあいである。さらに義貞はその政権下で元弘三年中に、従四位下・上野介・越後守・播磨守に叙任され、上記三国の守護職を兼ねた。義貞は朝官では同年から建武三年までの間に、治部大輔→右衛門督→左衛門督→左中将の順で昇っている。尊氏と比較すれば、尊氏は同政権下で参議・従二位まで昇っているので、義貞は尊氏の比ではないことがわかる。

新田氏の、政権における役割の特徴は、武者所など軍事警察部門の中枢を新田一門が占めたことである。新田一門の首領たる義貞はこの側面から後醍醐との間に緊密な関係を取り結んだものと思われる。尊氏との関係でいえば、先述したように、尊氏の執事高師直は武者所の構成員であったから、武者所に有縁の義貞は師直を媒介にして尊氏と何らかの関係を有した可能性は十分にある。かといって、尊氏が仕事柄、義貞と日常的に接触するということは考えにくい。

この新田義貞が同じ武門の出身である足利尊氏に対して、政権下での軍事的・武力的側面において強いライバル心を起こしたとしても不思議ではない。武家社会においてはすでに義貞は尊氏に水をあけられ、明らかに劣勢に立たされている。こうした状況を挽回《ばんかい》する目的で、義貞が後醍醐に意図的に接近したとしても一向に不自然ではない。のちに展開する、尊氏と義貞との熾烈《しれつ》な主導権争いの根本原因はこのようなところにあったとみてよい。

三　建武政権からの離脱

中先代の乱

すでに用語だけは何度か登場したことのある中先代の乱、北条時行を首領とする旧鎌倉幕府勢力による反乱は、建武二年七月に信濃で生起した。この事件の展開過程と歴史的意義については近年では阪田雄一や鈴木由美らによって論究されている。

信濃で蜂起《ほうき》した北条時行の軍勢は鎌倉府（建武政権が鎌倉に置いた関東地方統治機関）からの鎮定軍を次々に撃退しつつ、たちまちのうちに鎌倉に迫る。鎌倉府の執権足利直義は、主帥の成良親王、甥《おい》の義詮を伴って鎌倉を脱出して、三河国矢作《やはぎ》宿まで退いた。前年一一月以来鎌倉に拘禁されていた護良親王が足利直義の指示によって弑逆《しいぎゃく》されるのはこのときである。

さて尊氏がこの反乱を鎮定するために軍勢を率いて京都を出立したのは建武二年（一三三五）八月二日のことである。このとき尊氏は後醍醐に征夷大将軍の官職を要求したが、認められないままの出発であった。後醍醐がその代わりに尊氏に与えた官職は、先述のように「征東将軍」であったと考えられる（「武家年代記」「公武年代記」）。その任命の時点は建武二年八月九日であるので（「足利家官位記」）、それは尊氏の鎌倉への進軍の途上であった。

出立に先立つ尊氏と後醍醐とのやりとりについては『太平記巻一三』に述べるところがあるが、征夷大将軍の職を要求する尊氏とこれを渋る後醍醐との間の交渉がいかに難航したかはこのことからも容易に察しがつく。

尊氏率いる追討軍の戦績はめざましく、同八月一九日には鎌倉を奪回した。時行が鎌倉を占拠できたのはわずか「廿日あまり」にすぎなかった。それ故この事件を「廿日先代」というのだと『梅松論』は説明している。この間の尊氏軍の行軍の状況と戦績は、国立国会図書館所蔵「足利尊氏関東下向宿次・合戦注文」(『神奈川県史　資料編3』)に詳しく記載されている。

この中先代の乱と呼ばれる事件は、尊氏を鎌倉に引き寄せる契機となったこと、つまり関東で高まっていた武家政権樹立の気運を踏まえて、武家政権の成立を決定的にしたこと、たとえていえば「ダルマに目を入れる」結果を招いたこと、そこに大きな意義があった。先に述べた、尊氏の袖判下文の常時発給もそのような流れのなかで実現したのである。

新田義貞との主導権争い

足利尊氏が新田義貞と厳しく対立したのは事実で、その具体的様相については『太平記巻一四』の「足利殿と新田殿確執の事、付《つけたり》両家奏状事」に詳しく描かれている。その主導権争いは両者の軍事的立場から考えると、ある意味では必然的であったといえるが、その確執は具体的にはどのように進展したか特に文書史料を利用して検討してみよう。

尊氏と直義の発した軍勢催促状を網羅的に収集し整理してみると、直義が尊氏に先んじて新田義貞誅伐の軍勢催促状を発していることがわかる。直義のそれは、建武二年一一月二日付がもっとも早く、この日付だけで一〇点が残存している（「入来院文書」『南北朝遺文 九州編二』三三二号など）。これを手始めにして、この種（義貞誅伐）の直義軍勢催促状は、建武三年八月一七日付（「朽木古文書」、『大日本史料六編三』七〇三頁）まで全部で二七点収集することができた。

同様に尊氏についてみると、尊氏の義貞追討の軍勢催促状は、建武二年一一月一三日付（「大友家文書」、『南北朝遺文 九州編二』三五六号）を初見として、建武三年九月三日付（「安芸田所文書」、『南北朝遺文 中国・四国編二』四六六号）まで全部で三〇点収集することができた。

これらのことから考えると、尊氏・直義―義貞との間の軍事的抗争は、建武二年一一月初めにまず直義―義貞の間で始まり、それより約四〇日おくれて同年一二月半ばになって尊氏も行い始めたとみることができる（なお建武三年九月を最後に尊氏・直義の軍勢催促状に義貞誅伐の文言が登場しなくなる）。

他方、『太平記』『梅松論』『保暦間記』などの記録類・編纂《へんさん》物によると、この間のいきさつについて様々に描くところがあるが、それらが事実か否か裏付けるのは至難のわざである。しかしなかでも割と正確そうにみえるのが『梅松論』で、以下のように描く。

今度両大将《（尊氏・直義）》に供奉の人々には、信濃・常陸の闕所を勲功の賞に宛行なはる、処に、義貞を討手の大将として関東へ下向のよし風聞しける間、元義貞の分国上野の守護職を上杉武庫《（憲房）》禅門に任せらる。

このうち「信濃・常陸の闕所を勲功の賞に宛行なはる、処」とは、先の建武二年九月二七日の恩賞あてがいの尊氏袖判下文の大量発給のことをさすと考えられ、これを受けて「義貞を討手の大将として関東へ下向のよし」と続いている。

はたして義貞の関東下向はいつのことか明確でない。このとき以下の『太平記巻一四』の記事が参考となる。すなわち、「四国・西国ヨリ、足利殿成レタル軍勢催促ノ御教書トシテ数十通是ヲ（後醍醐に）進覧ス」とし、それが後醍醐を尊氏追討に踏み切らせた決定的要因となったと記す点である。ここにみる「数十通」の「軍勢催促ノ御教書」とは先にみた、主として西国武将たちにあてて足利直義が建武二年一一月二日付で大量に発給した軍勢催促状であった可能性が高く、またそのことが義貞の関東下向という事態を引き起こしたと考えることができる。となると義貞の関東発向は建武二年一一月のこととみなされる。

このように、尊氏の勲功賞をあてがう袖判下文の発給（建武二年九月二七日）から尊氏追討のための義貞関東下向（一一月上旬か）までに一ヵ月以上の時間的空白があった。それに加えて、尊氏が後醍醐天皇の綸旨によって追討される身になるのが建武二年一一月二二日、そして勅勘によって解官（直義も同様であったろう）されるのが同年一一月二六日であるから（「足利家官位記」。『公卿補任二』では二七日）、尊氏の軍勢催促状の発給（同年一二月一三日）はそれよりなお以降のこととなる。

つまり結論的にいうと、鎌倉（足利側）と京都（後醍醐側）の対立は、第一に、中先代の乱鎮定ののち、まず足利直義と新田義貞の間で始まったこと、第二に、直義が義貞追討の目的で発給した建武二年一一月二日付の軍勢催促状をみた後醍醐が尊氏に謀叛《むほん》の意図ありと判断して同一一月二二日に追討綸旨を発し、さらに同一一月二六日には勅勘という形で解官したこと、第三に、尊氏はこの段階に至って初めて軍勢催促状を発し、自らの意志で軍事行動を開始したこと、の三段階に整理することができる。

尊氏に即してみると、後醍醐の制止をよそに、すでに建武二年九月二七日には勲功の武士に恩賞給付の袖判下文を一斉に発給しながら、なおも後醍醐との決別を意図的に忌避していたことになる。その間に先行していた直義と義貞との間の軍事的抗争が尊氏の本意にたがう形で急速かつ激烈に展開し、そのあおりをうけた尊氏は勅勘による解官処分を受けたのち、やっと重い腰をあげて反撃の意志を固めた、というのが真相だったのではあるまいか。

こうしたどちらかというと尊氏と後醍醐との間の緩慢な対応は、双方のこれまでの、特に討幕戦での艱難辛苦《かんなんしんく》を通じて形成された連帯感・信頼感と、それに伴う離反するのは忍びがたいという心情が働いたからではあるまいか。

尊氏の苦悩と逡巡

中先代の乱を平定して以降、第二の武家政権を樹立すべく立ち上がるまでの尊氏の動向の大筋については右述したが、ここにいたるまでの尊氏の苦悩は並大抵のものではなかった。この間の尊氏の心の内を、『梅松論』は以下のように描写している（序章で一部使用）。

> 将軍（尊氏）は先日勅使具光朝臣（中院）下向の時、帰洛有るべきよし仰せられしところに、御参なき条、御本意にあらざるあいだ、此事に付て深歎おぼしめされておほせられけるは、われ（尊氏）龍顔（天子の顔）に昵近し奉りて勅命をうく。恩言といひ叡慮と云、いつの世いつの時なりとも君の御芳志をわすれ奉るべきにあらざれば、今度の事条々（帰洛しない理由としてあげた事柄）、御所存にあらずと、思食けるゆへに政務を下御所（足利直義）に御譲有て、細川源蔵人頼春幷近習両三輩計、召具て潜《ひそか》に浄光明寺（鎌倉扇谷にあり）に御座ありしほどに、海道の合戦難儀たるよし聞食て将軍仰られけるは、守殿（足利直義）命を落されば

我ありても無益なり。但、違勅の心中におひてさらに思食さず。是正に天の知処なり。八幡大菩薩も御加護あるべし。先立諸軍勢をば向られしかども御遠慮や在けん。小山・結城・長沼が一族をばおしみ止らる。（中略）其勢二千余騎仰を蒙りて、将軍の先陣として建武二年十二月八日鎌倉を御立ありければ、……

（『梅松論』七三—四頁）

ここには、以下のことが書かれている。箇条書に整理してみよう。

①建武二年八月一九日の鎌倉奪回ののち、後醍醐の帰洛命令を伝達するための使者中院具光に対して、意に反した帰洛しないという返答をした。心の内では畏《い》敬《けい》する後醍醐の命に従いたかったのだけれども。

②尊氏は後醍醐に対する恐懼《きょうく》の気持ちから、政務を弟直義にゆずって、鎌倉の浄光明《じょうこうみょう》寺《じ》に蟄居《ちっきょ》していたが、後醍醐が派遣した追討軍と戦っている直義が苦戦しているという状況を聞いて、（信頼する）直義が落命でもしたりすれば、自分は生きていても無益である、直義の命を守らねばならないと思い直した。

③こうして尊氏は反撃の軍勢を率いて上洛《じょうらく》することを決意した。尊氏が鎌倉を立ったのは、建武二年十二月八日のことであった。

他方『太平記巻一四』にも同様の記事がある。そこでは、尊氏は建長寺《けんちょうじ》に入って出家しようとしたこと、尊氏を翻意させるために直義らが、尊氏・直義以下の一類を「征罰」せよという内容の関東武士（武田《たけだ》・小笠原《おがさわら》）にあてた建武二年一一月三日付後醍醐天皇綸旨を謀作、謀書とも知らぬ尊氏はこれをみて「一門ノ浮沈此時ニテ候ケル」と、「着給タル道服ヲ脱テ、錦ノ鎧直垂ヲ着給ヒケル」こと、そして鎌倉中の勢三〇万騎を二手に分けて一二月一一日に進発したこと、などを述べている。『梅松論』や『太平記』に書かれた日にちの記載が正確か否か判断は難しい。ただ京都にむけて進発した日にちは一二月の八日と一一日と両者近接しており、おおよそ一〇日前後とみてよさそうである。先にみた、義貞誅伐の尊氏軍勢催促状が建武二年一二月一三日から出始めているという事実もそのことを裏付けてくれる。

第三章　室町幕府体制の成立

一　建武三年（延元元年）

時代の大きな節目

尊氏が封印していた恩賞給付の袖判下文《そではんくだしぶみ》の発給を初めて解禁したのは、建武二年七月二〇日のことであった。これ以降同年末にかけてまことに武家の棟梁《とうりょう》にふさわしい行動をとっている。この時期の尊氏の発給文書を見ると、同様の袖判下文を多く出す一方、建武二年八月二七日源氏の守護神鶴岡八幡宮に対し不冷座本地供料所として武蔵国佐々目郷を寄進したのを皮切りに、駿河国富士浅間宮、伊豆国三島社などの関東の大社、公武の崇拝あつき石清水八幡宮、さらに足利氏所縁《ゆかり》の丹波国篠村八幡宮へと所領を次々に寄進している。神仏の加護をえて所願成就を祈念する意図から出た行為であろう。

注目すべきは、恩賞給付のための文書の様式として鎌倉将軍のそれを踏襲したことである。かつて鎌倉将軍は武士に所領を給付するとき袖判下文を用いた。こうした鎌倉将軍もどきの袖判下文の常時大量発給は明らかな建武政権への造反行為であった。

もはや鎌倉を本拠として、足利一門を中心とする第二の武家政権が胎動していたのである。その軍政府が旧鎌倉幕府の性格を強く引き継ぐものであったことは、新田義貞討伐を命ずる軍勢催促の御教書《みぎょうしょ》を、鎮西守護たちが「関東御教書」と受けとった事実によくあらわれている。また幕府関係の文書では、建武三年二月にはすでに「将軍家の仰せによって下知件のごとし」などという表現が登場する。

足利直義によって鎌倉で温められていた武家政権樹立の構想は、尊氏を鎌倉に迎え入れることによって急速に実体化していった。『梅松論』は建武二年後半から翌三年にかけての、この大きな歴史的転換の前ぶれを、以下のようにじつにうまく叙述している。

かゝりしほどに、京都伺候の親類代官どもは急ぎ都へ上り、関東に忠を存ずる仁は又京都より逃下る間、海道上下の輩、俄に織綺《しよくき》（往来のあわただしいこと）のごとし。

建武二年の秋冬より世上敢て穏かならず。

建武三年は軍勢催促状の年

その建武三年は一体どのような年であったか。一言でいえば、戦乱の年であった。首都京都のみならず日本列島の至るところで戦乱が繰り広げられた。そのもっとも明確な証拠は合戦関係の文書のうえにあらわれている。ここではその一つである軍勢催促状をみてみよう。

将軍や幕府、守護などが、不測の変事あるいは合戦などに際して、地頭御家人などの武士に対して不時の出陣命令（軍勢催促）をする時に出すのが、軍勢催促状である。したがって軍勢催促状の存在は、そのときが平穏か不穏か平時か戦時かを判断する場合の一つの有効なバロメーターとなる。そこで建武三年という年一年間に出された尊氏および直義の軍勢催促状を集めてみると驚くべきことが知られる。両人がその生涯において残した軍勢催促状がこの年に飛び抜けて多いという事実である。もっとも後述する尊氏・直義による二頭政治の期間（筆者の考えでは暦応元年―貞和五年）においては軍事指揮権は直義にあったことを考慮せねばならないが、建武三年は二頭政治期に含まれないのでその必要はない。

具体的にいおう。まず尊氏について。尊氏の軍勢催促状は、ほとんどすべて御教書形式であるがわずかな書状形式も含めて、元弘三年（一三三三）五月から延文《えんぶん》二年（一三五七）二月までの二四年間に約一七〇点を収集した。単純に計算すると年平均七点となる。ところが建武三年という一年間に限ってみれば、なんと七〇点、全体の四割強がこの年に集中していることになる。翌年になると激減し、観応年間（一三五〇―五二）には時世を反映して再び増加するが、これほどではない。

次に直義についてみよう。直義の場合は御教書形式のものばかりであるが、建武二年（一三三五）から観応二年一二月までの一六年間に全一六〇点を収集した。同様に単純計算すると年平均一〇点。建武三年という年に限ってみると、一割強の三七点がこの年に集中していることになる。

右のようにみてくると、よく「南北朝の動乱六〇年」と一口にいうけれども、この間の列島の軍事的状況は決して平板なものではなく変化に富むことは明らかで、なかでも熾烈《しれつ》を極めたのは、他ならぬ建武三年だということができるのである。

以下、この年の重大な出来事、しかものちの歴史の展開にただならぬ影響を与えた大事件について重点的に述べてゆくことにしよう。結論的には、建武三年はこれから展開する長い南北朝時代の骨組みが形成された年と評価することができる。ちなみに、後醍醐天皇はその強い思い入れをもって制定した「建武」年号をわずか二年余りで退場させ、替わって「延元」を登場させた。二月二九日のことである（『梅松論』九九頁）。九州下向中の尊氏がちょうど筑前国芦屋津《あしやつ》に着いた日である。むろん尊氏はじめ足利側は延元年号を使用せず、依然として「建武三年」を使用し続けたことはいうまでもない。

筑前国多々良浜の戦い

『南北朝遺文　九州編』全七巻を刊行し、九州の南北朝時代研究の基礎を築いた瀬野精一郎はかつて「九州における建武三年の歴史的意義」（『史観』126、一九九二年三月）という論文で建武三年の尊氏の九州下向と九州武士団との関係を論じ、「九州における建武三年は、在地武士団にとって、主体性確立の可能性が最も大きな年であったし、主体性確立の可能性が終焉した年であった」と結論づけた。

足利尊氏にとって、すこし大げさないい方をすると、起死回生の転機となったのは、筑前国多々良浜《たたらはま》の戦いでの勝利であった。この戦いは当時の文書史料では「於多々良浜、致合戦」（「宗像《むなかた》大社文書」）と表現され、軍記物では「多々良浜ノ合戦」（『太平記巻一六』）などとある。

尊氏・直義の率いる足利軍は、建武三年正月京都での激しい合戦のあと同二月、兵庫から海路九州へ移動した。これに対して肥後からは九州の後醍醐軍の代表格菊池武敏《たけとし》（武時の子息）が北部九州に向けて北上。両軍は同年三月二日筑前国多々良浜（現、福岡市東区）で衝突することとなる。

この合戦で少弐・大友といった有力守護クラスのみならず、宗像社や筥崎《はこざき》・香椎《かしい》社の大宮司など北部九州の中小有力武士たちが軒並み足利側に味方した点からみると、足利尊氏が九州に下ったのは予定の作戦の内と考えられる。おそらく尊氏はかつての元弘の乱、建武政権の時代から培ってきた九州武将たちとの浅からぬ所縁をたどって西下した可能性が高い。その意味では尊氏の九州下向は西国への支持基盤の拡大強化という側面を有したものとみるのもあながちうがちすぎではあるまい。

多々良浜の戦いに至る経緯、およびその様相については『梅松論』や『太平記巻一五』がかなり詳細であるが、むろん研究上貴重な史料であるものの史料的性格ゆえの誇張も少なくなく、そのままをもって事実とみることはできない。特に『太平記』の主旨は、無勢

筑前国多々良浜周辺の風景　福岡市東区（著者撮影）

の足利軍が多勢の菊池軍に勝利したことは「時ノ運」であり、これによって「九国二嶋、悉ク将軍（尊氏）ニ付キ随ヒ奉ラズト云物ナシ」という状況になったこと。さらに「只将軍天下ノ主ト成給ベキ過去ノ善因モヨヲシテ、霊神擁護ノ威ヲ加シカバ」と続き、「此軍不慮ニ勝事ヲ得テ、九国中国悉ク一時ニ随ヒ靡ニケリ」と結ばれていることからわかるように、尊氏の勝利の必然性を尊氏の「善因」として称《たた》えることであるから、顕彰性や神秘性が強く、そのまま無批判に受けとることはできない。

そのようなかで一番信頼性が高いのは古文書である。尊氏関係では、建武三年三月一日—五日にかけての足利尊氏軍勢催促状（文中に武敏誅伐《ちゅうばつ》の語あり）五点（「三池文書」「石志文書」等）、それにこの戦いでの勲功賞として所領をあてがう足利尊氏袖判下文が少なからず残存している（「宗像大社文書」「薩摩元岡文書」等）。他に尊氏の侍所奉行人の連署奉書（建武三年三月二六日付、「宗像大社文書」）、合戦に参加した武士が提出した軍忠状もある。

なかでも建武三年三月日戸次頼尊軍忠状は興味深

い（「鎮西古文書編年録所収戸次古文書」、『南北朝遺文 九州編二』五四三号）。それによると、豊後大友氏の一門戸次頼尊は尊氏の上洛《じょうらく》に従軍して京都を経由して長途筑前まで至った武士で、この間所々で奮闘し合戦忠を遂げている。その長い軍旅の最後が多々良浜の戦いであった。この戦いでの自らの奮戦ぶりを箇条書きで書き上げている。

一、同（建武三年二月）廿日、於室（摂津国揖保郡）津致打出合戦□□□於供御下向鎮西、同（建武三年）三月二日、抽筑前国多々良（糟屋郡）浜軍忠畢、親類若党手負討死百余人、分取頭五十四、

ここにみえる「親類若党手負討死百余人、分取頭五十四」という表現からは、この合戦がいかに大規模で激烈なものであったか、その片鱗《へんりん》をうかがうことができるけれども、多々良浜の戦いの全貌《ぜんぼう》はいまだ明確でない。

ちなみに足利直義についてみると、彼は延文四年（一三五九）一二月完成した勅撰和歌集『新千載和歌集』に五首入集《にっしゅう》しているが、そのなかの一首の和歌に「建武の比、思ひの外の事によりて、つくしへくだり侍りけるが、程なくかへりのぼりて侍りけるに、……」という詞書《ことばがき》が付いている（『新編国歌大観一』角川書店、六四二頁、二〇三二号）。このなかの「思ひの外の事によりて、つくし（筑紫）へくだり侍りけるが」という表記からすると、筑前下向が「思ひの外の事によりて」生起した事態だったのだというふうにとれ、この当

時の足利側の軍事的な指揮権が奈辺《なへん》にあったかを推測するうえで参考となる。このことに関して一つ付言するならば、多々良浜合戦に直接的に関係する内容の直義軍勢催促状が残存していないことである。前述のようにその種のものは、尊氏のものでは数点残存している。足利氏の陣営で多々良浜合戦がどのように戦われたか一考の余地があるように思う。

この合戦に勝利して九州を支配下におさめた尊氏は、その強力な支援者の一人少弐頼尚《よりひさ》らとともにその本拠地大宰府《だざいふ》に入り、九州の政治文化の拠点というべき原山《はらやま》に本営を置いた。これから約一ヵ月の間、この原山が足利側の軍事拠点となり、九州各地からの武士たちを集結させた。こうして西国、とくに九州において軍事態勢を立て直した尊氏は、こんどは京都に向けて上洛するという次なるステージへと転ずるのである。

摂津国湊川の戦い

足利尊氏と楠木正成の戦いである摂津湊川の戦いについても、『梅松論』・『太平記』それに『保暦間記』などに描写がある。湊川の戦いは、建武三年（一三三六）五月二五日、摂津国湊川（現、神戸市兵庫区）で繰り広げられた、勝ち戦を重ねつつ破竹の勢いで東上する足利尊氏軍と、これを迎撃すべく後醍醐天皇が派遣した楠木正成軍との合戦である。この戦いで正成は敗れて自害し、尊氏の京都制圧は確実なものとなった。

合戦の叙述は関係史料によって疎密があり、『保暦間記』は「正成（楠木）、腹切リテ失ヌ」とそっけないが、他の二書はかなりの紙幅を使ってこの戦いを物語性をまじえて描写する。とくに『太平記巻一六』はおおがかりで、正成討死をクライマックスとする合戦譚《たん》「正成討死の事」の段の前後に、子息正行《まさつら》への遺訓のくだり（著名な「桜井の別れ」）や正成の首を見た正行の悲哀のくだりを配置し、正成の「遠慮の勇士」「賢才武略の勇士」（『梅松論』）ぶりや正行の「誠ノ忠孝ナル」（『太平記』）証《あか》しを具体的かつ感動的に組み立てている。

湊川で戦死した正成の首は京都の六条河原《ろくじょうがわら》に懸けられたが、その首を正成の郷里の妻子たちのもとに送り届けたのは尊氏であった（『太平記巻一六』）。先に尊氏と正成は実は心底では通じていたのではないかと述べたが、足利氏側の立場から書かれた『梅松論』や『太平記』に正成討死のことがこれほど紙幅を費やして大々的に、しかも好意的に描写されている事実は右の推定を補強するものといわねばならない。

ところで、右のような記録史料でなく、この合戦の当事者たちがやりとりした古文書によってみると、湊川合戦はどのようになるか。記録史料によると激戦のように思われる湊川合戦であるが、しかし関係の文書史料はさほど残っていないのが実状である。その意味では湊川の戦いは、歴史的にみて多々良浜の戦いのような歴史の一大転換点となるような大事件ではなかったのではないか。

直接的な関係文書はやはり尊氏・直義の軍勢催促状であるが、ほかに同年九月ころまではその文中に関係記事を留《とど》める文書も残っている。いくつか具体例をあげると、尊氏配下の仁木義長《にきよしなが》にあてて入洛に抜かりなきことを諭した建武三年五月二五日足利尊氏御判御教書（「深堀家文書」、『南北朝遺文　中国・四国編一』三六七号）では「今日廿五日於兵庫嶋、楠木判官正成及合戦之間、誅伐了」とみえ、また高山寺《こうざんじ》にあてた建武三年六月一〇日足利直義軍勢催促状（「高山寺文書」、東京大学出版会『高山寺古文書』一八六―七頁）では「楠木判官正成、去月廿五日、於湊河令討取畢」とある。また、建武三年六月一五日足利尊氏寄進状（「東寺《とうじ》文書」、『大日本史料六編三』五二〇頁）は、尊氏が東寺に対して正成の跡地「河内国新開庄」を「天下泰平・家門繁栄」のために寄進するというものである。正成の跡地関係ではこの他にもいくらかの関係史料がある。さらに、恩賞地給付の尊氏袖判下文が数点残っていて、湊川の戦いと直接関係すると思われるが明確でない。

湊川の戦いの場合、多々良浜の戦いと比較して注意されるのは、尊氏軍勢催促状において、多々良浜の場合は合戦を直前に控えて敵将菊池武敏以下の凶徒を誅伐せよとの文言が備わっているのに対し、湊川ではそういうものが一切見あたらないことである。この時期、尊氏・直義によって誅伐の主たる対象とされているのは依然として新田義貞なのである。このことは、尊氏・直義、特に尊氏にとっては、正成は義貞とは違った存在であって、義貞と同列の敵手とみるわけにはゆかないことを示している。

ここで想起されるのが『梅松論』にみる、「今度は君（後醍醐）の戦かならず破るべし」

といい残し、湊川の死地に赴いた正成の最期の名場面である。やや長いが説明上必要なので敢《あ》えて引用する（『梅松論』一二五頁）。

人の心を以、其事をはかるに、去元弘のはじめ、潜に勅命を受て、俄に金剛山の城に籠りしとき、私のはからひにもてなして、国中を憑《たのみ》て其功をなしたりき。爰にしりぬ、皆心ざしを君に通じ奉りし故なり。今度は正成、和泉・河内両国の守護として、勅命を蒙り軍勢をもよほすに、親類一族、猶以て難渋の色あり。如何にいはんや国人土民におひてをや。是、即ち天下、君を背《そむき》たてまつる事明けし。しかる間、正成存命無益なり。最前に命を落べきよし申切たり。最後の振舞符合しければ、まことに賢才武略の勇士とも、かやうの者をや申すべきとて、敵も御方もおしまぬ人ぞなかりける。

右の記事の直前には、正成は新田義貞に替えて足利尊氏と手を組むように後醍醐に進言して容れられなかったという経緯がある。右はそれを受けての話であることをまず念頭に置かねばならない。正成の主張は、以下のような論法である。

①元弘の乱では後醍醐の密勅をうけて幕府と戦い、功をなすことができた。それは「心ざしを君（後醍醐）に通じ奉」った国中のみんながこぞって力を貸してくれた

からである。しかし今回（建武三年の争乱）はまったく元弘のときと様子が違う。自分（正成）は和泉《いずみ》・河内の守護として勅命を受けて軍勢を催促したが、自分の親類一族にしても難渋の色をみせて、催促に応じない。
②これはなぜかというと、先の元弘度のようには君（後醍醐）に彼らの心が通じていないからだ（換言すると、皆の心に通じないことを君がやっているからだ）。

湊川神社　神戸市中央区（著者撮影）

③新田義貞に替えて足利尊氏を用いるというのが、皆の心に通ずる本筋である。自分はそのことを君（後醍醐）に進言したが、容れられなかった。
④今度の争乱では、「天下」（地上の世界全部）が君（後醍醐）を背いた（見放した）のは明らかである。こうなったら、もう自分の存在理由はない。なので、この合戦で最前の討ち死にを遂げることにする。

右の正成の論法には一理あるといわねばならない（③は筆者の推測）。そこに感銘した『梅松論』は正成を「最後の振舞符合」した「賢才武略の勇士」と認め、「敵も御方もおしまぬ人ぞなかりける」と褒めそやしたのである。この『梅松論』の言は、尊氏と正成との間柄のなかに置いて考えると決して荒唐無稽《こうとうむけい》とはいえない。尊氏の正成に対する一種の敬愛のような態度も、こうしたことを背景にしているのではないか。

幕府政治機関の設置

室町幕府政治をさまざまな側面において支える政治機関についての制度史的考察は、幕府政治を評価するうえで重要であることはいうまでもない。しかし、幕府の諸政治機関の設置時期や設置後の運営の様態はそれぞれに異なるので、ここですべてを細かく説明する余裕はない。

この分野で通説的位置を占めている佐藤進一の研究（「室町幕府開創期の官制体系」、『日本中世史論集』岩波書店、一九九〇年一二月、収録）によると、「新政権、室町幕府制度の大体は、この基本方針（建武式目＝筆者注）に則り、ほぼ建武三年から四年にかけて定められた」（同書一八三頁）とされ、具体的には、建武三年の段階ですでに、政所《まんどころ》（財政事務担当）、恩賞方・安堵方（恩賞・安堵のための審理担当）、侍所（御家人の監督統制、のちに刑事訴訟担当）、そして何といっても訴訟機関の中心である引付方などの設置が推定されている。特に引付制度の整備・充実のために直義が果たした役割には大きなものがあったろう。

こうした政治機関は室町幕府政治の推移とともに、それぞれに個別の歴史をたどるが、幕府機関の地道な個々の活動が、幕府政治の安定的運営を強力に支えたことはいうまでもないところである。

二　積極的な新機軸

光厳上皇院宣の獲得

これより先、尊氏は、建武政権の間、後醍醐天皇によって遠ざけられていた持明院統の光厳上皇との接触に成功していた。すでに大友千代松（氏泰）あて「建武三」二月一五日足利尊氏書状（「大友家文書」、『南北朝遺文　九州編一』四一七号）の文言に「新院（光厳上皇）の御気色によりて、御辺を相憑て鎮西ニ発向候也」などとあるので、尊氏が光厳上皇のかつぎだしに成功したのは、時期的には建武三年二月一五日あたりであることは間違いない。続いて同年二月一七日尊氏御判御教書（「三池文書」、同四一八号）には義貞誅伐の大義名分たる「院宣」の文字が登場し、以降そのような形が通例となっている。この場合の「新院」「院」とは後伏見院ではなく、まだ院政開始以前とはいえ、光厳上皇とみるべきであろう。『梅松論』のいうように、尊氏が持明院統の光厳上皇を擁立することによって自らの軍事行動の大義名分を獲得しようとしたことは明らかである。

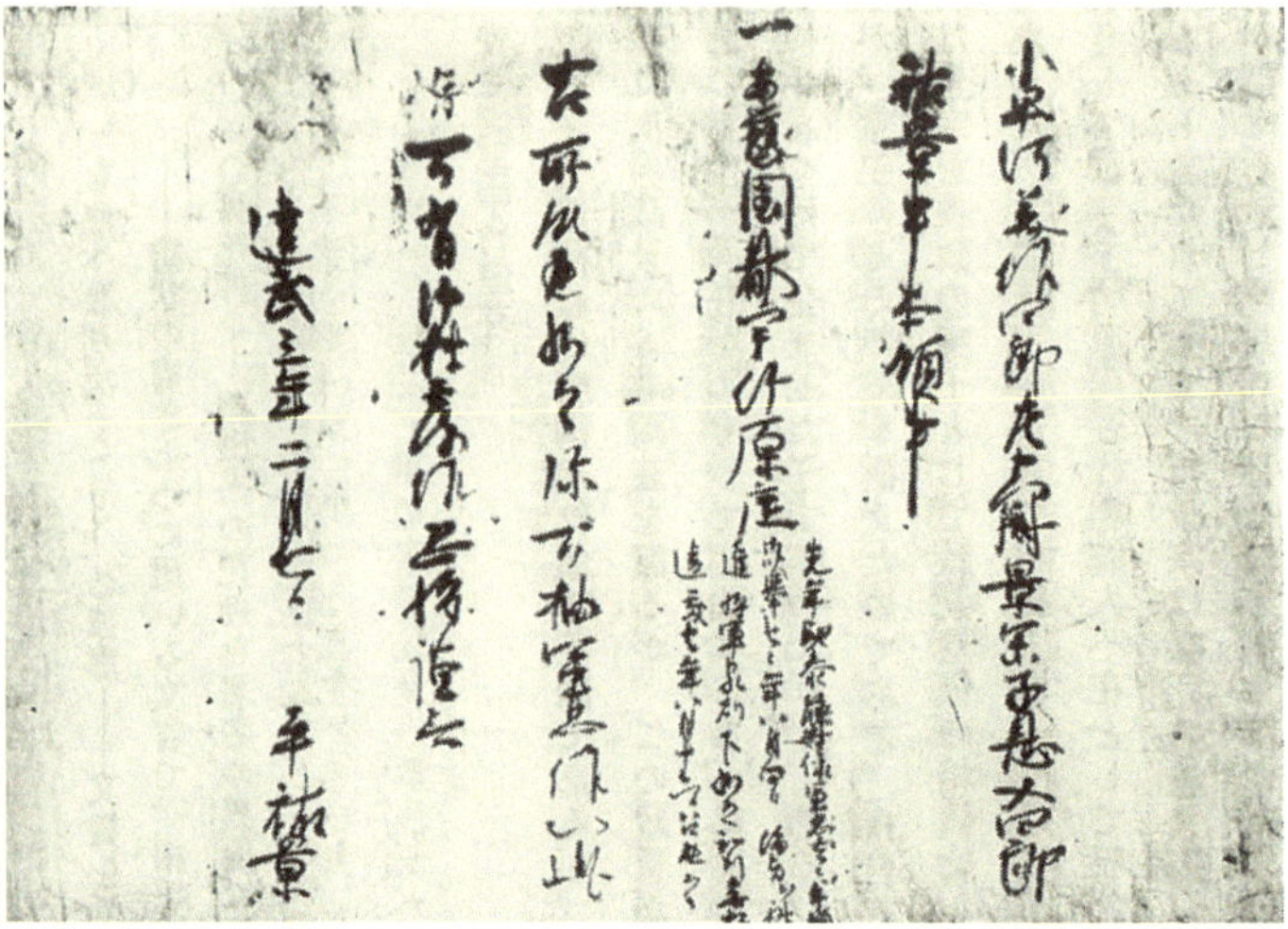

「小早川家文書」建武３年２月７日小早川祐景申状（『古文書の語る日本史４』筑摩書房より）

院宣獲得のための仲介者は醍醐寺《だいごじ》三《さん》宝院《ぼういん》の賢俊《けんしゅん》僧正であった。賢俊は鎌倉時代から持明院統天皇家に仕えた公家《くげ》日野《ひの》家を出自とし、尊氏と昵懇《じっこん》であったため、尊氏は賢俊を通じて持明院統に働きかけていたのである。それは後醍醐天皇の攻勢のまえに出る幕を失っていた持明院統にとってはいわば「渡りに船」の申し出であったろう。両者は利害を同じくしていたので問題が生ずるはずはなく、ただちに持明院統天皇家と新しい武家政権との連携関係が成立した。この関係はやがて南朝に対峙する北朝の樹立につながり、さらに分かちがたく結ばれた室町幕府＝北朝体制へと展開することはいうまでもない。

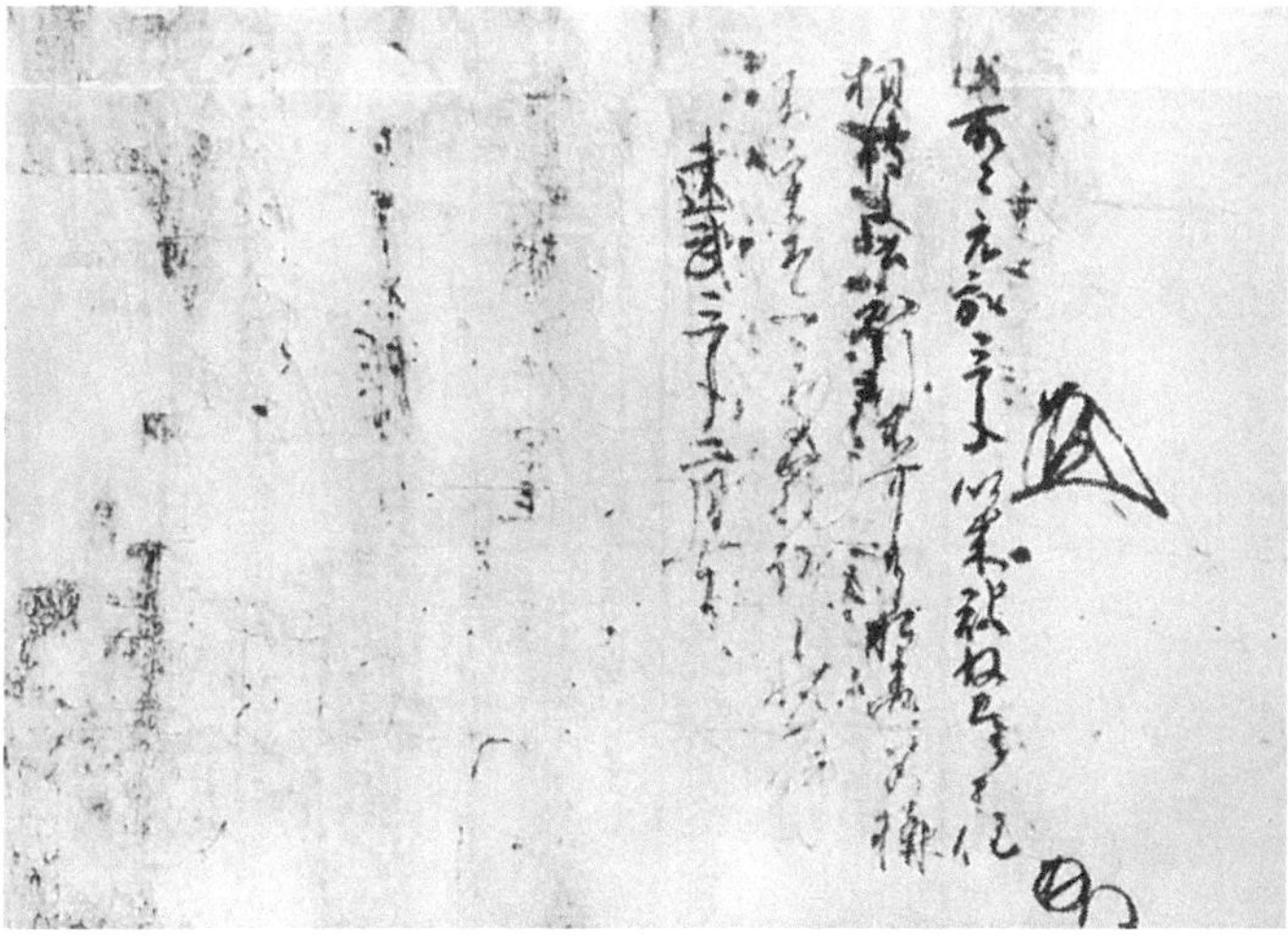

同　足利尊氏安堵裏書

元弘没収地返付令

尊氏は建武三年二月、いわゆる元弘没収地返付令を発布した。これは鎌倉幕府滅亡直後に後醍醐の発布した北条氏与党の所領没収令によって取り上げられた所領を、もとの持ち主に返付するという法令である。旧北条方の武士をも含めた武士一般の広い支持を得ようとした尊氏の政策とみてよいが、御家人武士の申状（申請書）の裏面に尊氏袖判で安堵文言が記された実例としては、安芸《あき》の小早川祐景の建武三年二月七日の例（『小早川家文書二』四二頁）を初見として同三月末までの五点ほどが知られている。

以下にその初見例を参考までに示しておこう（尊氏の裏書安堵部分のみ）。

此所々、元弘三年以来被収公云々、任相伝文書、知行不可有相違、若構不実者、可処罪科之状如件、

建武三年二月七日

（足利尊氏）（花押）

なかには筑後《ちくご》国の藤吉光童丸のように、「元弘三年以来」ではなく「元徳以来」の没収地を返還の対象として申請し、ちゃっかり尊氏の裏書安堵を受けているケースもある（「高浜巳所蔵文書」建武三年三月日藤吉光童丸申状。「日本歴史」487〈一九八八年一二月〉で工藤敬一が紹介・解説）。これによってみると、在地武士のなかにはこの法令を拡大解釈してその恩恵に与《あずか》ろうとした者のあったこと、これを受けた尊氏も在地勢力の組織化という喫緊の目的のためにそれをあえて容認していることも知られる。

当初、裏書安堵の形式をとっていた尊氏は、やがて独立した御判御教書でもってこれを行うようになる（「河野家文書」建武三年二月一五日足利尊氏御判御教書『南北朝遺文 中国・四国編二』二四七号）。尊氏の御判御教書での元弘没収地返付令は、これ以降一般武士ではなく、より格式の高い寺院あてとなり、同年末のものまで散見している。

残存史料によっておおまかにいうと、尊氏は建武三年前半には専ら御家人武士に対しては彼らの申状への裏書安堵によって、また同年後半には寺院にあてた御判御教書によって、

それぞれに収公所領の返付を実施したものとみられる。しかもそれらが建武三年に限られる点からみると、開幕前後における支持基盤の安定化という喫緊の必要に迫られての時限立法であった可能性が高い。なおこの元弘没収地返付令による所領の返還は尊氏の専権に属した模様であり、弟直義がこれに関与した形跡はない。

新しい御家人身分の創出

第二の武家政権たる室町幕府を樹立しようとする尊氏にとって、喫緊の課題のさらなる一つは御家人身分の創出であった。御家人制度とは、惣領《そうりよう》制という基礎のうえに鎌倉幕府が創始した幕府支配を支える仕組みであったが、尊氏は新しい幕府を開設するにあたって将軍に直接的に奉仕する御家人の増加を図って、新しい御家人身分の創出を考案した。そのさい、尊氏が発した袖判御教書は以下のようなものである。

御判（足利尊氏）

山城国深草郷以半分、所宛行下司公文赤塚左衛門三郎忠清也、随軍忠可配分郷民等、且於忠清者、為御家人、弥可致忠節之状如件、

建武三年八月十二日

（内閣文庫所蔵「山科家古文書」）

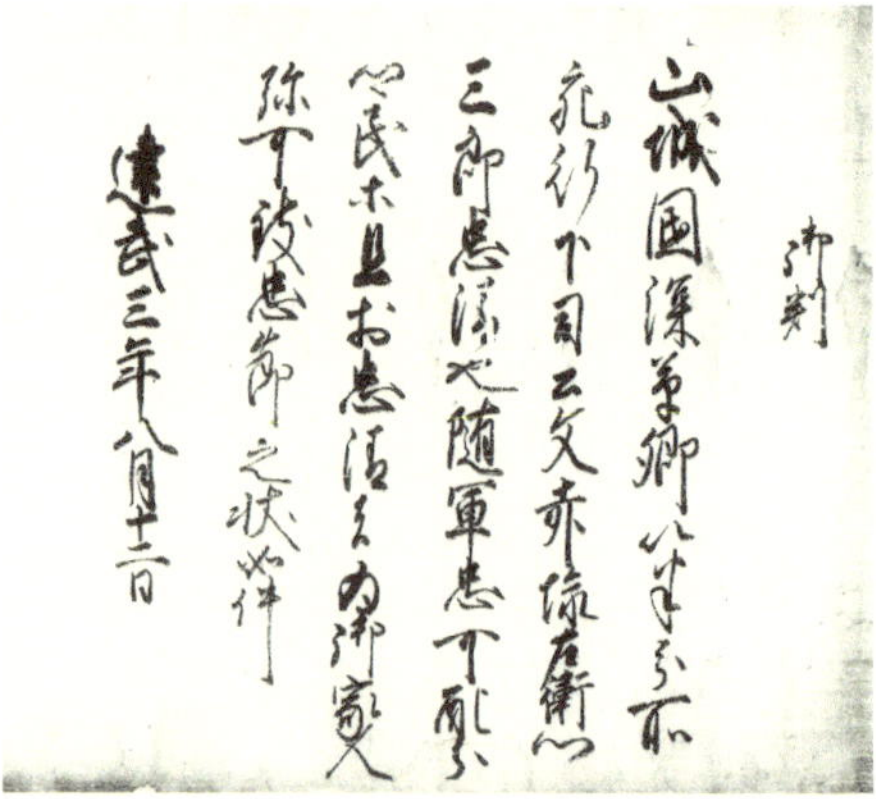

「山科家古文書」建武3年8月12日足利尊氏御教書
（国立公文書館・内閣文庫所蔵）

一例として右にあげたのは、山城国深草郷の在地領主＝下司公文赤塚左衛門三郎忠清の事例である。袖に花押を据えた尊氏は、忠清に深草郷の半分をあてがうことによって、忠清と荘園領主との服属関係を断ち切り、忠清を尊氏のもとに御家人として引き寄せようとしている。洛《らく》中《ちゅう》およびその周辺での合戦の最中であった尊氏は、とくに京都近郊の在地領主層の自立にむけての運動をたくみにとらえて自己の陣営に取り込み、もって山城周辺に安定的な軍事的基盤を築こうとしたのである。ちなみに尊氏が光明《こうみょう》天皇を践祚《せんそ》させ北朝を樹立したのは、右の史料の日付より三日後の建武三年八月一五日のことである。

同種の尊氏袖判御教書は、建武三年七月から同九月にかけて全六通残存している。他方直義はこの種の文書を発給していない。

建武式目の成立

後醍醐・光明両天皇の間で神器の授受が行われて、尊氏政権を合法化する手続きが完了したのは、建武三年一一月二日であったが、その五日後の一一月七日には建武式目が制定された。建武式目は全部で二項一七ヶ条からなり、それがこれから創設される室町幕府政治の基本方針を定めた大綱的な規定であることから、建武式目の制定をもって室町幕府の実質的成立とみなすのが通説となっている。それほど歴史的に重要なものであるので、その成立の意義について述べておくことにする。

建武式目の形式上の最大の特徴は、それが幕府の決定事項を下達するという形をとらず、将軍尊氏からの諮問に答える上申書（勘文）という形をとっている点である。

まずその構成はというと、建武式目は政権の所在地をどこにするかという第一項と、政権にとって喫緊の政治課題に対する対応策を一七ヶ条にわたって示した第二項からなっている。具体的には、倹約の奨励、群飲佚遊《いつゆう》・狼藉《ろうぜき》の制禁といった日常生活に関する法、私宅や京中空地の不法取得の禁止、無尽銭・土倉《どそう》の興行奨励、寺社訴訟への対処といった都市的な民事訴訟法、さらに守護人・近習《きんじゅう》の選任など人事に関する規定もある。

建武式目の研究の歴史は長くて古いが、近年で最も注目されるのは、岩波書店刊「日本思想大系」シリーズのなかで『中世政治社会思想 上』（一九七二年一二月）を校注した四人のなかの一人である笠松宏至の見解であろう。笠松は建武式目についての解題のなかで、その制定の時期的特徴について以下のように述べている（同書四九一頁）。

建武式目には、戦陣の余煙を濃厚にただよわせている条文がある（たとえば5条にいう京中空地をめぐる「巷説」）。それも当然であって、同法の制定は、九州から西上した尊氏軍との京都周辺での戦に敗れて叡山をおりた後醍醐天皇が持明院統光明天皇に神器を授け、尊氏政権の合法性が獲得されてから僅か五日後の、建武三年十一月七日のことであった。

笠松がこの解題で強調するのは、建武式目の条規を貫いている理念がのちの直義の「政道」と符合することから、本法制定の本当の黒幕は「幕初以来から行政・司法面の総責任者であった」足利直義に他ならないこと、それに建武式目が正規の法令形式をとらなかったのは「当時における直義の政治的立場となんらかの関連があったのではあるまいか」ということである（同書四九四頁）。

右の笠松の指摘はいずれも卓見だと考えるが、いま一歩すすめて建武式目制定当時（建武三年一一月七日）における政治・軍事状況、それに対する尊氏・直義の関わりを掘り下げてみるとまた別の考え方ができるような気がしてくる。

筆者は以下のように考えたい。まず第一項の幕府の所在地についての答申である。諮問事項は「鎌倉元のごとく柳営たるべきか、他所たるべきや否やの事」であり、答申の結論は「居処の興廃は、政道の善悪によるべし。これ人凶は宅凶にあらざるの謂なり。ただし、諸人もし遷移せんと欲せば、衆人の情《こころ》にしたがふべきか」となっている。本文にあるように、答申者は一旦《いったん》鎌倉郡は鎌倉幕府の故地で「武家に於ては、もつとも吉土と謂ふべきか」と持ち上げたうえで、先の引用文のように首都の都市的発展は「政道の善悪」によるといっているのであるから、論法としては、鎌倉も悪くはないけど「遷移」して京都にするのもいいよと、むしろ京都への遷移を勧めているかのように読める。

だとすると、説得の相手は一体だれであろうか。筆者は主として、従来どおり鎌倉に幕府を置こうとする関東の有力御家人たちではなかろうかと推測する。この場合、足利直義の介在のしかたが問題となる。なぜなら直義こそ鎌倉派の領袖《りょうしゅう》と目されているからである。この点については、この年二月より四ヵ月にわたった九州制覇の軍旅を通じて足利氏による西国支配の自信を深めた直義が、幕府を京都に置く必要性に気づいたのではあるまいか、と考えることによってクリアすることができる。

つまり直義は南北朝期を通じて鎌倉幕府的色彩を色濃く残しつつも、幕府を京都に移す点においては尊氏と意見を異にすることはなかったのである。そこで尊氏は、鎌倉派勢力と縁の深い直義を通してかかる諮問に対する答申を出させたのではないか。もっとうがったいい方をすれば、建武式目は尊氏と直義の合作であったともいえよう。このようなわけで、直義は、法知識に詳しい自己のブレーンから八人の「人衆」（勘申者）を選任し、中《なか》原是円《はらぜえん》と弟真恵《しんえ》を代表者として建武式目を起草させたものと考えられる。

八人の勘申者については、笠松が「明法官人たる是円・真恵、異色の公家日野藤範・学僧玄恵、それに旧幕府の奉行人とおぼしき四人の武士によって構成されており、如何にも幕府の揺籃期を思わせる雑多な寄せ集め的色彩が強い」と指摘したとおりである（同書四九三頁）。なおこの四人の武士のうち、「太宰少弐」は筑前守護少弐頼尚、「太田七郎左衛門尉」は実名は不明ながらも（『高野山文書八』六二九頁では「顕連」と傍注）、「武家宿老、故実者」（『園太暦』康永四年二月一〇日条）といわれた太田道大《おおたどうだい》（時連《ときつら》）の同族で、のち貞和五年段階で高野山領備後《びんご》国太田荘地頭をつとめた人物と考えられる。少弐頼尚の五代前の父祖資頼《すけより》は矢についての故実者であったし（『吾妻鏡』文治《ぶんじ》五年正月一九日条）、太田の家はむろん著名な故実家である。

このように建武式目の勘申者は、さほど政治性、セクト性を感じさせない故実者のグループであった。笠松の指摘どおり「公武両法に明るい能力と折中的な法思想の持ち主」である。要するに、足利尊氏が関東方面に支持者の多い直義の手を介して、幕府を京都に置くことの必要性を法知識に詳しい公武の専門家たちに諮問して、関東の有力武士の説得を多分に意識しつつ答申させたのが建武式目であったとみたいのである。であるならば、この段階では尊氏と直義の間に政治路線において大きな齟齬《そご》はなかったものとみられる。

三　建武五〈暦応元〉年（延元三年）

後醍醐の吉野遷幸と尊氏

前述したように、後醍醐は北畠親房と連絡をとりながら京都・花山院《かざんいん》からの脱出のチャンスを窺《うかが》っていたが、それを決行したのは建武三年一二月二一日の夜のことである。楠木一族の案内で、河内の東条（現、大阪府富田林《とんだばやし》市）を経て、吉野山に赴いた。関係する文書史料では以下のようなものがある。東北院御坊（大和興福寺の東北院カ）にあてた足利直義書状である（「保田文書」〈安芸〉、『大日本史料六編三』九二二頁）。

去夜、先帝（後醍醐）御幸他所、不知御座所之間、所奉尋方々也、厳密可有尋御沙汰候、仍不廻時刻馳申候、恐惶謹言、

（建武三年）十二月廿二日　直義（足利）（花押）

東北院御坊

去る夜、「先帝」後醍醐がどこかに移られた、その居場所がわからないから方々に尋ねているところです、なので時をおかずにお知らせします、と直義は記している。直義が後

醍醐の出奔をかなり深刻に受け止めている様子がわかる。

ところが尊氏の受け止め方は直義と随分ちがっていた。『梅松論』に見える話であるが、後醍醐脱走で洛中が騒動するなか、その報告を受けた尊氏は、

少も御おどろきある御気色もなくして、宗徒《むねと》の（主だった）人々に御対面ありて仰られけるは、此あいだ君（後醍醐）花山院に御座のゆへに、警固申す事、其期（期限のこと）なきによて、以外武家のわづらひなり。先代の沙汰のごとく遠国に遷たてまつらば（元弘の変で後醍醐を隠岐に遷したこと）、其恐あるべき間、迷惑のところに、今御出は大儀のなかの吉事なり。定めてひそかに畿内の中に御座あるべきか、御進退を叡慮に任られて、しぜんと落居せば、しかるべき事なり。運は天道のさだむる処なり。浅智の強弱によるべからず。（『梅松論』一三五―六頁）

と言ってのけた。

この記事についてはすでに佐藤進一の解説がある（『南北朝の動乱』中公文庫、一六四―五頁）。佐藤はこの尊氏の言葉をそのままに受け取れないとしつつも、「（上略）今、御自身でよそへ移られたことは不幸中の幸いである。（中略）お考えのままに行動されても、天下の情勢は落ちつくべきところに落ちつく。運は天の定むるところ、人智によって左右

できるものではない」と解釈し、「かれの後醍醐にたいする態度の大らかな点はくみとることができる」とし、直義の態度と対照的であることを指摘している。

『梅松論』の結論は、「実に天下の将軍、武家の棟梁にて御座ある御果報を、いま更申すもをろかなれども、大敵の君（後醍醐）を逃したてまつりて、御おどろきもなかりしぞ、不思議の事と申あひける」と尊氏賛美に落ち着く。同書にみえる、当代随一の禅僧夢窓疎石の尊氏評の第一、すなわち「御心強にして、合戦の間、身命を捨給ふべきに臨む御事、度々に及といへども、笑を食《(含カ)》で怖畏の色なし」という言葉に直接的に通ずるエピソードである。むろん史料批判が必要であるが、そこには尊氏の後醍醐に対する独特の思いがうまく描かれている。

このように後醍醐出奔への尊氏の対応は沈着冷静であって、直義のそれと対照的であった。武家政権を成立に導く道筋は決して平坦《へいたん》とはいえないものがあったが、基本的には尊氏ペースで進められたとみてよい。建武四年八月には「院宣」を受けて「吉野凶徒退治」を命ずる直義の軍勢催促状が多く出ている。むろん室町幕府の成立を日本全国に印象付けたのは、後醍醐出奔より二年足らずの建武五年（暦応元）八月一一日に、尊氏が光明天皇から正式に征夷大将軍《せいいたいしょうぐん》に任命されたことであったろう。そうした意味でも、この年は武家政権にとっては特別な、文字どおり記念すべき一年であった。

北畠顕家・新田義貞の戦死

暦応元年が南北朝時代史上特別の年である理由は、右で述べたようにこの年八月尊氏が正式に将軍に就任したことによって室町幕府が名実ともに成立したということもあるが、それが引き起こされたという意味において北畠顕家・新田義貞の戦死も挙げねばならない。まず新田義貞である。義貞はすでに述べたように足利氏と同様に源氏の出であるが、建武二年の後半からすでに尊氏と主導権争いを始めており、後醍醐はこの義貞を軍事的支柱に選んだために尊氏と争うはめになった。

尊氏・直義の発した軍勢催促状に、誅伐の対象としての義貞の名がどの時期に現れるかについて述べておこう。直義のそれに即してみると、建武二年一一月二日軍勢催促状（「結城古文書写」等）から義貞の名ざしが始まり、建武三年八月一七日付（「朽木古文書」）まで約三〇点が残存している。

他方尊氏についてみると、建武二年一一月一三日付（「大友家文書」）から義貞の名が見え始め、建武三年九月三日（「安芸田所文書」）まで全約三〇点である。なお感状にはその名が記されることがなく、不明というしかない。要するに、文書史料に義貞が誅伐の対象としてみられるのは建武二年一一月から同三年九月までということになる。尊氏・直義にとって最大の敵手が義貞であったのは、この時期を中心とした一定期間ということになろう。

次は北畠顕家である。右と同様にみてみよう。まず直義の軍勢催促状に即してみると、顕家が誅伐の対象として現れるのは建武四年（延元《えんげん》二）一二月七日付（「大和田秀文所蔵文書」、『南北朝遺文　東北編二』三五六号）、最後は建武五年（延元三）年二月一五日付（「白川文書」、同三六六号）であり、この間に全四点ほど残存している。

他方尊氏についてみると、これが意外に残っておらず、可能性のあるのは建武五年二月二二日付（「蠹簡集残編二」、『南北朝遺文　東北編一』三七三号）くらいしか見いだせない。しかしこれは写であるから（署判は「尊氏御書判」）、右刊本は「足利尊氏御判御教書写」とするが、その確証はなく、あるいは直義であるかもしれない。

次に記録史料によって足利軍と北畠・新田との戦いの様子をみよう。南北朝時代成立の足利氏よりの史書『保暦間記』（『群書類従二六』）はそのへんの状況を左のように描写している。

同四年（建武四・延元二）ノ春、奥州ニモ尊氏ニ志アリケル者アリテ、合戦ヲ始ム。顕家卿（北畠）打負テ、加（多カ）賀国府ヲ落ツ。当国伊達郡ニ霊山ト云寺ニ籠リケルヲ責ケレバ、是ヲモ落テ、下野国宇都宮ニ住ケリ。其辺ノ凶徒ヲ相語ヒテ上洛ス。（中略）サテ顕家卿ハ□同（建武）五年（暦応元年）正月ニ美濃国黒血河マデ責上リ、京都ヨリ官軍ヲ指下ス。打破リガタクテ顕家卿伊勢国へ廻テ、大和ノ国へ越テ、奈良へ打入タリ。都ヨリ武蔵守師直（高）以下大勢発向シテ合戦ス。顕家卿以下凶徒打負テ吉野へ引退ク。同四月ニ又吉野ヨリ今度ハ公卿殿上人然ルベキ武士多出タリ。都ヨリ師直大将トシテ大勢下向シテ、和泉国境野ト云所ニテ合戦アリ。今日ヲ限リト命ヲ捨テ両方合戦ス。京方打負テ引ケルガ、師直思切テ戦フ程ニ、顕家卿打レケリ。其後ハ吉野方散々ニ成テ引退。同月ニヤ、凶徒等男山ニ入籠テ八幡宮ヲ城郭トス。都ヨリ官軍押続キ数日合戦ヲス。凶徒社ニ火ヲ出タリ。神慮ニモ背ニヤ落失ニケリ。義貞（新田）ハ先帝山門ヨリ出サセ給シ時、越前国へ逃籠リケルガ、是モ云甲斐ナク打レテ、頸ヲ都へ進タリケレバ、大路ヲ渡テ獄門ノ木ニ懸ラレケリ。義貞ハ尊氏ガ一族ナリ。彼ノ命ヲ受テ不背ハ然ルベカリケルヲ、是モ驕ル心アリテ、高官・高位ニシテ此ノ如クナルコソ不思議ナレ。子息越後守（義顕）モ同首ヲ懸ケラレケリ。

（同六二―三頁）

右の記事は、建武四年（延元二）より翌五年にかけての、尊氏と北畠顕家・新田義貞との合戦について要領よく語っている。陸奥国司顕家は延元二年八月、奥州の軍勢を率いての二度目の上洛を決行した。右にみえるように翌三年正月には美濃《みの》国黒血河まで攻め上ったが、苦戦を余儀なくされ、顕家は伊勢《いせ》から大和へ入り、後醍醐のいる吉野へ帰参した。顕家が高師直らの軍勢と合戦して、和泉国堺《さかい》で戦死するのは延元三年五月のことであった。右でみた建武四年一二月―翌五年二月の、顕家の名の見える直義軍勢催促状は、まさにこのときのものなのである。

さらに新田義貞についていうと、右の記事にあるように、義貞は建武三年一一月後醍醐が比叡山《ひえいざん》から下りる際、皇子恒良《つねよし》親王を奉じて越前《えちぜん》国敦賀《つるが》に向かい、北陸地方に後醍醐勢力を扶植すべく腐心したがうまくゆかず、結局、越前国藤島《ふじしま》の戦いで足利勢と戦い、落命する。延元三年閏七月二日のことである。

こうして延元三年という一年のうちに、北畠顕家・新田義貞という二人の中心的な軍事指揮者を失ったわけで、後醍醐天皇は戦略の大幅な見直しを余儀なくされた。すでに病に冒されていた後醍醐であったが、皇子たちの各地方派遣による勢力拡大、京都奪回の計画はこうした危機的状況のなかで構想されたと思われる。

いっぽう尊氏・直義の側からいえば、顕家と義貞を同時に亡きものにしたこの延元三年（建武五・暦応元）は、まさに記念すべき、新しい出発のときであった。次項で述べるように、擁立されたばかりの持明院統天皇家は尊氏を念願の征夷大将軍に任命したのである。室町幕府はここに名実ともに成立した。同時に弟直義を左兵衛督《さひょうえのかみ》・従四位上に昇進させたのである。この直義昇進は、尊氏が義貞を追討した褒美を直義が譲り受けたものであった（『公卿補任』）。筆者は二頭政治の開始をこのときと考えている。

尊氏・直義兄弟の同時昇進

「延元」改元にもかかわらず、「建武」年号を使用し続けていた尊氏は、その二年半後、北朝の立ちあげから起算すれば二年後の建武五年（一三三八）八月一一日に、北朝の光明天皇から念願の将軍宣下を受けた。ここに尊氏は正式に征夷大将軍となった。後醍醐政権下では、同じ将軍でも、鎮守府将軍・征東将軍にしかなれなかった尊氏にとっては、待望の宿願達成であったろう。弟直義もまた同時に従四位上・左兵衛督に昇進した。この兄弟同時昇進は日本歴史始まって以来はじめてのことで、おそらく公武双方に何らかの事情があったに相違ない。筆者は、それは後述する二頭政治の開始を飾る人事的イベントであろうと考えている。

『太平記巻一九』には「本朝将軍補任兄弟、無其例事」のくだりがあり、尊氏・直義兄弟の同時昇任のことが詳しく語られている。特に関係する部分のみあげよう。

> 同年（建武五）十月三日改元アリテ、暦応ニ移ル。其霜月五日除目ニ、足利宰相尊氏上首十一人ヲ越へ、正三位ニ上リ、大納言ニ遷テ、征夷大将軍ニ備リ給フ。舎弟左馬頭直義ハ五人ヲ超越シテ、位従上ノ四品（従四位上のこと）ニ叙シ、官宰相ニ任ジテ、日ノ本之将軍ニ成リ給フ。（中略）兄弟一時ニ相双テ、大樹武将ニ備ル事、古今未其例ヲ聞ズト、其方様ノ人ハ、皆驕逸ノ思ヒ気色ニ顕レタリ。

この尊氏の将軍宣下は武家政権にとってその正統性の証《あか》しであったし、北朝にとっても武家政権との二人三脚ぶりを確認するものであったろう。それは同時に、北朝が尊氏によって擁立されて以降、次第に朝廷としての実質を備えてきて、ここに至ってやっと将軍を任命するだけの資格を身に付けたということもできよう。

なお、右の『太平記』の記事には他の正確な史料によってみるといくつか誤記が含まれている。たとえば、①暦応改元を「十月三日」とするが、正しくは八月二八日であること、②除目は「霜月五日」ではなく、八月一一日であること、③「正三位」は正二位、④足利「宰相」は権大納言、などである。

ここで注目されるのは、直義の同日昇進についての『公卿補任二』康永三年（一三四四）の記事である。直義はこの年、従三位・非参議に列されたので、この年の分の最末尾にその名が初めて登場するわけである。関係部分のみあげる。

　　暦応元八十一左兵衛督。同日従四上（権大納言源朝臣（尊氏）義貞（新田）追討賞譲）。

この史料によると、暦応元年八月一一日の直義の左兵衛督・従四位上昇進は、実は兄尊氏が宿敵新田義貞を討伐した賞を譲り受けたものというのである。義貞は尊氏の軍勢と越前藤島（現、福井市）で戦い、暦応元年閏七月二日に戦死を遂げている。直義の昇進は、この藤島の戦いで尊氏が義貞を討った恩賞を譲り受けたものであったのである。

なぜ尊氏が自分の追討賞を直義に譲ったのか、その理由については、新しい政治態勢（二頭政治）を開始するにあたり、それを主導する直義に対していわば「はなむけ」のような形でプレゼントしたのではないか、と筆者は考えている。あたかもこの新政治の開始に合わせたかのように、北朝は八月二八日に「建武」年号を廃して、新しく「暦応」と改元した。人心を一新する意味もこめての改元であったろう。とすると、暦応元年は尊氏にとっては特別の年といわねばならない。室町幕府＝北朝体制は、これまでとは違う政権の実質を備えた新しい時代を迎えようとしていた。

四　南朝・北朝との関わり

持明院統光明天皇の践祚――北朝の創設

先に述べたように、足利氏と持明院統天皇家との関係は、尊氏が九州に下向する途中自らの軍事行動の正統性を保証する権威の源泉として、光厳上皇院宣を獲得したときにすでに開始されていた。建武三年二月一五日のことである。この関係はやがて持明院統より新しい天皇を立ち上げるための土台となった。後醍醐の南朝に対する北朝である。そこに至る経緯はおおよそ以下のとおりである。

そもそも尊氏が光厳上皇の院宣を得ようとした理由について『梅松論』は次のように説明する。院宣を得る数日前に配下の有力武将赤松円心《えんしん》（則村《のりむら》）が密《ひそ》かに尊氏の御前に参じてこういった。

をよそ合戦には旗をもて本とす。官軍（後醍醐軍）は錦の御旗をさきだつ。御方（足利軍）は是に対向の旗なきゆへに朝敵にあひにたり。所詮持明院殿（光厳院）は天子の正統にて御座あれば、先代（北条高時）滅亡以後、定て叡慮心よくもあるべからず。急て院宣を申くだされて、錦の御はたを先立らるべきなり。（『梅松論』九四頁）

右の赤松の進言を簡潔にいうと、以下のようになろう。

戦には旗が肝心であって、後醍醐軍は錦《にしき》の御旗を先立て官軍として戦いにいどむ。対してわが足利軍はこれに対向する旗がなく朝敵とされて分が悪い。ついては後醍醐天皇と折り合いが悪い持明院統の光厳上皇を擁立し院宣を得て、錦の御旗を先立てて戦いに臨むべきだ。

要するに、足利軍に軍事行動の大義名分を与えてくれる存在として上皇の権威が必要とされたのである。こうした考えがやがて北朝の創設につながることは誰しも容易に見通せるであろう。

湊川の戦いで楠木正成の迎撃を突破した尊氏の軍は、建武三年六月一四日光厳上皇を奉じて入京、京都は足利軍の制圧するところとなった。光厳上皇は同八月一五日、弟豊仁《とよひと》親王を践祚《せんそ》させた。北朝初代光明天皇である。ここに北朝はうぶ声をあげた。おおまかにいえば、足利政権と北朝（一三九二年に南朝を併合）との関係は、このあと足利政権の終焉《しゅうえん》まで約二五〇年の長きにわたって続くが、そのスタートはこのようないきさつでもって切られたのである。

北朝（持明院統）はこうして武家政権の便宜で創設されたわけであるから、戦いによって勝ち取られたものではなかった。『太平記巻一九』は冒頭の「光厳院殿重祚御事」のくだりで、光厳上皇の治天下の地位獲得について、

アハレ此ノ持明院殿（光厳上皇）ホド大果報ノ人コソ、ヲハシマサヾリケレ。軍《いくさ》ノ一度ヲモシ給ハデ、将軍（足利尊氏）ヨリ王位ヲ給ハラセ給ヒタリト、申沙汰シケルコソ、ヲカシケレ。

と述べているが、北朝側からすれば予想外の、まさに棚ぼた式での光明天皇擁立劇であった。この『太平記』の言は、足利氏の武家政権とそれを荘厳する北朝との相互関係を端的、かつ絶妙に表現したものである。

なお念のためにいっておくと、この北朝創設の建武三年八月の段階では後醍醐天皇は比叡山に避難してはいたものの、天皇の地位にあったことは確かである。すでに「一天両帝」の状況は始まっていた。しかしこれでは具合が悪いということで双方で一本化の交渉がなされ、その妥結によってこの年一一月二日、後醍醐天皇は平和裡《り》に帰京・譲位し、天皇は光明に一本化されることになった。後醍醐は次期天皇たる皇太子に子息成良親王が立つという合体の条件をのみ、合体に応じたのである。成良は『保暦間記』が「御子成良親王ハ本ヨリ尊氏養ヒ進ゼタリケレバ、東宮ニ立テ奉リケリ」と記すように、尊氏に養育された経験の持ち主であった。この間に尊氏の関与があったことは疑いない。

かくして建武三年一一月一四日には現に成良が立太子し、ことは順調に運ぶかに見えたが、翌一二月二一日には後醍醐は京都・花山院亭を突如脱出し（『保暦間記』は北畠顕信《あきのぶ》の伊勢での挙兵に呼応したと記す）、やがて大和吉野を本拠として光明天皇の朝廷＝足利政権の京都と対峙《たいじ》する構えを見せたのである。ここに双方の歩み寄りは完全に決裂して一天に南北二つの朝廷が並立する、いわゆる南北朝時代が開幕するのである。

最後に皇太子成良親王の行末について一言すれば、益仁《ますひと》親王（のち興仁《おきひと》。光厳皇子。）のちの崇光《すこう》天皇）が立太子するのは建武五年八月一三日であるから（『中院一品記』同日条。『大日本史料六編五』一二三頁。『内閣文庫所蔵史籍叢刊古代中世編7 中院一品記』汲古書院、二〇一六年一〇月、三〇〇頁）、この間成良がいかなる待遇をうけていたか明証はないものの、しばし皇太子のままだった可能性もある（以前筆者は父後醍醐の出奔とともに廃されたのではないかとした＝『皇子たちの南北朝』中公文庫、九三頁）。もしそうだとすると、先にもふれた、成良が尊氏によって養育された特別の経験をもつことと無関係とはいえない。さらにその背後には、尊氏の後醍醐への配慮と鎌倉時代以来の両統迭立方式の伝統が存在したのではないかという推測も十分に成り立つ。

「延元」改元と「建武」継続使用

後醍醐が尊氏九州下向中の建武三年二月二九日に「建武」年号を「延元」に改めたこと、足利側がこの新年号を使用せず、依然として「建武」を使用したことについては前述した。なぜそうしたかといえば、足利側は独自で改元する能力に欠けていたためである。

しかし、かといって尊氏がこの年八月に立ち上げた新しい天皇がただちに改元を行うということにも無理があったろう。改元を行うためには、なんといっても天皇としての実質を備えることがまず肝心である。むろん天皇の仕事は改元だけではない。一人前の天皇としてその機能を十全に果たすためには、天皇を支える朝廷という組織が完備していなくてはならない。

第二の武家政権を樹立した尊氏にとって、新天皇を中心とした朝廷＝公家政権の整備は幕府政治の運営上でも必須《ひっす》の重要課題だったのである。そのためにはある程度の時間が必要であったことはいうまでもあるまい。

建武三年八月の成立当初、みずから独自の年号を定めることのできなかった北朝、その北朝がはじめて定めた独自の年号が「暦応」であった。それより二年後のことである。

暦応改元は建武五年八月二八日のことであったが、それより一七日前の八月一一日に尊氏は北朝光明天皇から将軍宣下を受けた。室町幕府はここに名実ともに成立したわけである。同時に北朝の朝廷としての実質も建武三年の段階とは異なり、備わっていたとみなければならない。

暦応雑訴法の成立

日本の中世社会では、武家社会ではむろんのこと公家社会でも政治組織の基礎をなす法制度の整備は着々と進んでいた。特に公家社会でいうと、ことに公武関係が安定期に入った一三世紀半ばの後嵯峨《ごさが》上皇院政の開始以降、その整備は武家のそれに学ぶ形で急速に進んでゆく。鎌倉時代以来の公武両社会は互いに影響を受けつつ独自の法制度を充実させた。

そうした公家の法制度の整備という意味では、暦応三年（一三四〇）五月一四日に制定された北朝の「暦応雑訴法」がひときわ注目される。この法は、簡単にいえば、光厳上皇の院政下で制定され、文殿《ふどの》（北朝の訴訟機関）に下された民事訴訟手続法二〇ヵ条と、追加二ヵ条の総称である。内容面から系譜的にみると、正和《しょうわ》三年（一三一四）一一月制定の「正和雑訴法」を受け継いだと考えられるが（『師守記』暦応三年四月一一日条参照）、この法は北朝の雑訴関係裁判手続き整備の到達点に位置すると評価することができる。紙幅の関係で「暦応雑訴法」の個々の規定について詳しく紹介することはできない。

ここで少し書誌的情報を記しておくと、「暦応雑訴法」の写本は①仁和寺文書、②旧東洋文庫本（国立歴史民俗博物館所蔵。端裏に「制法」とあり）の二本が知られているが、書写年代については、①が貞和三年（一三四七）九月二〇日書写奥書を持つのに対し、②は①より遥《はる》かにおくれるうえに（書風からみて室町初期―中期頃とされる）、文字の誤脱も間々あるが、②で特筆すべきはそれが「暦応三年五月十四日」という制定日の記載を持つことである。なお②は、続けて（イ）文殿御沙汰日、（ロ）越訴《おつそ》庭中日、（ハ）雑訴評定日、（ニ）使庁沙汰日、（ホ）諸保、以上五種の結番交名などを載せている（佐藤進一『鎌倉幕府訴訟制度の研究』岩波書店、一九九三年二月、二二三―四頁、日本思想大系『中世政治社会思想下』岩波書店、九七―一〇三頁、『中世法制史料集第六巻』岩波書店、一五七―六〇頁参照）。

筆者が注目したいのは、この「暦応雑訴法」が制定された暦応三年が、まさに二頭政治の真っ最中であったという事実である。結論的にいうと、北朝における訴訟制度の整備・

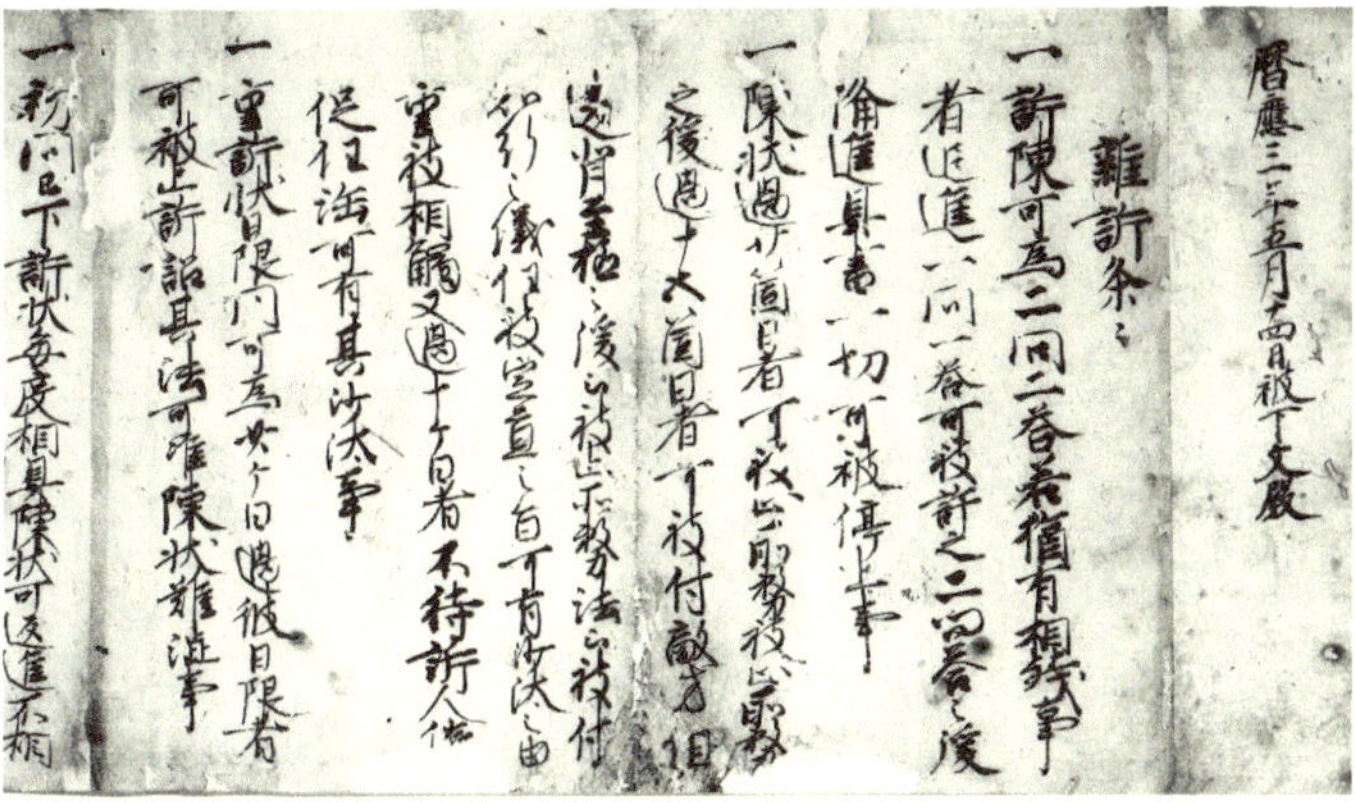

暦応３年５月14日の「暦応雑訴法」、冒頭部分（国立歴史民俗博物館所蔵）

充実が、この当時武家社会を中心に実施され次第にその成果を収めつつあった二頭政治と内的に深く関係しているのではないかということである。二頭政治を主導した立役者たる直義が公家政治の擁護者で、現に治天下光厳上皇と昵懇の関係にあったという事実はその蓋然性《がいぜんせい》を一層高めている。むろん幕府創業期における直義の強靭《きょうじん》な政道意識が北朝の政治制度の整備・充実に貢献し、その運営を活気あるものにした可能性も高い。

ちなみに「暦応雑訴法」は、その高い完成度ゆえにやがて一つの固有名詞として呼び習わされたものらしい。その証拠に、中原師守の日記「師守記」貞治《じょうじ》元年（一三六二）一二月一二日の条には「暦応雑訴法」という言葉が独立して登場している（『師守記六』一二八頁）。また「真珠庵文書」に収められる「貞和五」一一月一五日大炊御門季光書状にみえる「当御代（光厳上皇）殊制法分明之上者」の文言は、光厳上皇院政下での政道の活況ぶりをうかがわせていて興味深い（『大徳寺文書別集　真珠庵文書七』一七三頁、傍点筆者）。

吉野の陥落

南朝勢力の結集の中核たる後醍醐天皇が五二歳の生涯を閉じるのは、延元四年（暦応二、一三三九）八月一六日のことであった。その臨終の様子については『太平記巻二一』が、「玉骨はたとひ南山の苔に埋もるとも、魂魄は常に北闕の天を望まんと思ふ」との悲壮な遺言とともに詳しく描写するところである。後醍醐の陵墓「塔尾《とうのお》陵」（奈良県吉野郡吉野町）はこの遺言どおり、京都の方角である北向きに造られている。この一見大げさにもみえる描写の仕方は、以降の尊氏の態度や『太平記』の成立事情から考えると、尊氏の偽らざる率直な感慨を反映している可能性も高い。跡は皇子義良《のりよし》によって継がれた。後村上《ごむらかみ》天皇である。

塔尾陵　奈良県吉野郡吉野町

その後醍醐が南朝の本拠として選び、その没後に後村上が即位した吉野の朝廷は、正平《しょうへい》三年（貞和四、一三四八）正月、将軍尊氏の執事高師直ら幕府派遣の追討軍の攻撃によって焼け落ちてしまう。その様子もまた『太平記巻二六』の「吉野炎上事」の段に詳しく描かれている。南朝の皇居、公家たちの邸宅のみならず、南朝の皇室・公家・武士たちの崇敬をあつめた金峯山寺《きんぷせんじ》本堂の蔵王堂《ざおうどう》が炎上、本尊の蔵王権現や神輿《しんよ》などがことごとく焼失した。これがどこまで真実を伝えているかわからないが、長い間南朝政治の本拠だったことを考慮すると、所狭しとはいえ吉野朝廷の賑《にぎ》わいもある程度想定され、あながち虚構とも考えられない。大筋においては真実に近いとみられる。

この尊氏の執事高師直・師泰兄弟に率いられた幕府軍は、前年の正平二年（貞和三、一三四七）末には京都を出発している。彼らは河内を経て吉野に向かう手はずであったが、翌三年正月五日には河内四條畷《しじようなわて》（現、大阪府四條畷市）で楠木正行の軍勢と戦いこれを撃破した（河内四條畷の戦い）。先の吉野陥落はこのすぐあとに引き起こされたできごとである。

こうした吉野陥落に至る一連の室町幕府の軍事行動を文書史料によって検証してみよう。残存するのは、足利直義の軍勢催促状である。明らかに吉野攻めに関係する軍勢催促状として、貞和三年（正平二）八月九日付（「朽木文書」）から翌貞和四年二月一日付（「蠹簡集残編」）までの全一五通が残存している（同年四月からは足利直冬指揮の紀伊国凶徒退治へと変わる）。細かくいうと、直義の軍勢催促状の文言中で、貞和三年一一月二五日付までは

吉野行宮跡　奈良県吉野郡吉野町（著者撮影）

「南方凶徒（吉野）退治事」とあったのが、同二八日以降は「東条凶徒退治事」に変わっている。幕府軍の南朝軍との合戦が、二八日を境に四條畷の戦いへと転じた事情を示している。

　そのほか、被催促者についてみると、河野《こうの》・平賀《ひらが》・内藤・島津・大友・田代といった中国・四国・九州の武士たちであること、またこのときの吉野攻めで尊氏の軍勢催促状が出されていないことも注意してよい。この時期、軍勢催促は尊氏ではなく、直義がもっぱらこれを行っていたのである。

　ともあれ、直義の軍勢催促のもと、高師直・師泰が率いる幕府軍によって決行された吉野攻めは、出発の貞和三年一二月から帰洛の翌四年二月にかけての一ヵ月半に亘《わた》ったが、別の機会に詳しく述べたように幕府側の大勝利に終わった（小著『〈戦争の日本史8〉南北朝の動乱』吉川弘文館、二〇〇七年九月、九三頁）。

第四章　尊氏と直義——二頭政治と観応の擾乱

一　二頭政治

その期間と思想的背景

二頭政治とは、幕府政局が二人の巨頭の権限分掌によって担われた形態をいう。具体的にいうと、片方は軍事面（およびそれに伴う恩賞給付）の権限、もう片方は政務面（実質的には所領裁判）の権限を持つ。その担当者は誰かというと、前者が将軍足利尊氏、後者が弟足利直義。二つの権限を抽象化して、主従制的支配権、および統治権的支配権とよぶのが通説である（この分野の研究の骨格を創った佐藤進一の命名）。

二つの権限は、本来将軍が一身に具備するものであり、それがこのように二元化しているところに二頭政治の著しい特徴がある。とはいえ尊氏と直義が運営する二頭政治はその存続期間十余年の間、さしたる混乱もなく調和的に運営された。そのことは、尊氏と直義がその抱く政治理念というか政治思想が基本的に同一の目的・基盤を有していたことの証左と見るべきであろう。

そこでまず考えるべきことは、この二頭政治はいつから始まったとみるべきかである。筆者はこれまでの叙述から自《おの》ずとわかるように、その開始の時期は暦応元年（一三三八）

とみてよいと考えている。その理由としては、尊氏の任将軍や直義の任左兵衛督、それに暦応への改元が建武五年八月二八日であること、当局者はそれによって政治体制の一新をはかろうとしたと考えられること。さらに、二頭政治下で裁判権を掌握した直義の権限行使の証跡としての裁許下知状の初見が建武五年（暦応元）八月二七日付であることなどがあげられる（「石清水八幡宮記録」、『大日本史料六編五』三二一頁）。また、二頭政治の終焉《しゅうえん》時期については、筆者は貞和五年（一三四九）九月の、直義の一旦《いったん》失脚の時点と考えている。この間の正味一一年間を二頭政治の存続期間とみるわけである。

次に考えるべきことは、その二頭政治がいかなる思想的背景をもっていたかである。筆者は、それは直義が抱く仏教思想に基礎をおいた政治思想、具体的にいえば、このたびの動乱で落命した多くの名も無き者たちの怨霊《おんりょう》を鎮魂することによって、正しい政治を行おうとする考え方ではなかったかと考えている。このへんのことについては本書の姉妹編である小著『足利直義』（角川選書、二〇一五年二月）に詳しく述べたので繰り返さない。

その直義主導の宗教政策とは、具体的には、尊氏の全面的支援を受けた、全国への安国《あんこく》寺《じ》・利生塔《りしょうとう》設置の大事業ということになる。安国寺・利生塔設置をめぐる研究はその政治的重要性ゆえにかなりの歴史があるが、そのうちの同計画の企画・立案について調べてみると、安国寺・利生塔のことはすでに建武四年（一三三七）に計画され、同五年ころから貞和年間にかけて各国ごとに設置されたとされている。建武五年から貞和年間といえば、まさに筆者のいう二頭政治の存続期間とほぼ一致することは決して偶然とはいえない。このことは、いわゆる二頭政治が直義の仏教的な政治思想を政治の上に実現させる目的で開始されたのではないか、という考え方を支えてくれる。

その構造的な特質

このように互いに性格の異なる権限を分担した両人を、当時の史料がいかに表しているかといえば、尊氏について「弓矢の長者、海内衛護の征夷将軍」(『太平記巻二七』)、「弓矢の将軍」(『難太平記』)、「君を扶佐し、国の乱《みだれ》を治むる職」(『梅松論』)、他方、直義については「御政道」(『難太平記』『梅松論』) などとみえる。

この二つを比較すれば、尊氏の権限は、恩賞地を媒介にした将軍—武士間の御恩—奉公の関係において行使されるだけに、将軍と武士との間の個別的性格が強いのに対して、直義のそれは、むしろ相互関係的、構造的な性格が強いといわねばなるまい。

二頭政治はその性格の異なる二つの分割された権限に添う形で運営された。こうした将軍権力の二分化とそれを色濃く反映した幕府の政治運営は、他の時代には見られないもので、それだけに二頭政治の背後にある幕府の政治・軍事的状況は特異なものと見なければならない。

そうした独特な形で初期室町幕府は運営されるのであるが、しかしこの二頭政治なるものは各々独立した双頭の鷲《わし》によって主導されたのではなく、幕府の最高権力者である将軍尊氏の権限委任という形で行われた。そのことはいみじくも『梅松論』が以下のように証言している。すなわち、「御政道の事を（直義に）、将軍（尊氏）より御譲ありしに、（中略）その後は政務の事におひては、一塵も将軍より御口入の儀なし」という。

ここにみられるように、二頭政治は尊氏・直義という両巨頭によって権限の棲《す》み分けという方法をとって、互いに他方を侵すことなく調和的に運営されたのである。

この両人の権限の分担は、当然のことながら、両人が発する文書のうえにも直接的に反映された。そのことについては、すでに笠松宏至のすぐれた指摘がある（「足利直義」、豊田武編『人物・日本の歴史5 内乱の時代』読売新聞社、一九六六年一〇月、七五頁）。

たとえば下文《くだしぶみ》という様式の文書がある。この形式は、最も重要な場合に出されると同時に、文書発給者の権限を端的に知ることのできる種類の文書であって、尊氏も直義も、みずから書き判を据えた下文を数多くいまにのこしている。ところが裁判の判決書や、所領の安堵《あんど》について出された下文は、一通のこらず直義のものであって、尊氏のものは一つもない。これに対して、恩賞として所領を新しく給与する、いわゆる新恩の下文はすべて尊氏発行の下文であって、直義のそれはただの一通ものこされてはいない。

まことに半世紀前の指摘とは思えない卓見である。以下、右の笠松の指摘を具体的に考察してゆくこととしたい。

尊氏の発給文書

二頭政治の時期において、尊氏はいったいどのような種類の文書を発給したのであろうか。先に結論をいっておくと、尊氏が発給しているのは、主として袖判下文《そではんくだしぶみ》、それに御判御教書《みぎょうしょ》・寄進状である。他の時期にはみられる、御教書形式による軍勢催促状、感状、寺社に祈禱《きとう》の要請をする御祈《ごき》御教書はほとんど出していない。こうした現象はおそらく直義との権限分掌の結果によるものと判断せざるをえない（書状はかなり残存する）。とくに尊氏が二頭政治期に軍勢催促状を出していないのは何故であろうか。

①足利尊氏袖判下文（恩賞地の給付）

二頭政治期における尊氏の発給文書を特徴付けるのは、袖判下文である。袖判下文とは、下文という形式の文書に、その発給人が自分の花押（サイン）を袖（料紙右端の余白の部分）に据えたものである。そもそも下文自体が上意下達の文書形式なのに、さらに発給者の花押が袖にあるので、その文書を受ける人は発給者と自分との服属―被服属関係を否応《いやおう》なく目に見える形で認識させられるのである。

尊氏の袖判下文の用途は、ほとんど例外なく勲功の武士に対して恩賞地を給付するものである（後述のように、直義の下文は安堵《あんど》に限定される）。この権限は「弓矢の長者」である将軍尊氏の権力の中核をなし、恩賞地を媒介として将軍―武士間に御恩奉公の関係を形成させる本源であり、将軍を将軍たらしめる、武門の棟梁《とうりょう》にとっては最も基本的な権限といってよい（いわゆる主従制的支配権）。

換言すれば、さきの史料表現にみた尊氏に即しての「弓矢の長者、海内衛護の征夷将軍」、「弓矢の将軍」とは、実はこうした形で軍功に対する恩賞を武士たちに給付する権限の謂《いい》であったのである。

実例で言うと、その初見が建武政権下の元弘三年（一三三三）一二月二九日付（「安保文書」）であること、同政権からの実質的離脱の後は建武二年七月二〇日付（『思文閣古書資料目録233』）を初めとして、同年九月二七日の一斉発給以降はコンスタントに発給されたことをすでに述べたが、二頭政治期においてはどのようなことがいえるであろうか。

二頭政治が始まる直前の建武三年・建武四年にも通常よりかなり多くの袖判下文が残存しているが（両年ともに二十余点）、それはこの時期が他に例をみない戦乱の時節であったことと関係しよう。二頭政治が始まったと考えられる建武五年（暦応元）にしてもこの一年間で一五点ほどの尊氏袖判下文を収集することが可能である。

以降同文書の残存数は減少傾向に転ずる（暦応二年―康永三年までは年に一、二点程度）。

戦乱が比較的減ったことの反映かもしれない。貞和年間に入ると、逆に増加傾向に転じ、貞和元—五年の間においては、年に五—一〇点程度残存している。かくして観応年間に突入すると、再び内紛と戦乱が激化したためか袖判下文は急増している。このように軍功としての恩賞地給付の袖判下文の残存は、同時に戦乱の度合いを測るバロメーターにもなる。

②足利尊氏御判御教書

二頭政治の期間における尊氏の御判御教書の発給はかなり限定的であり、その用途としては守護職の補任、所領の預け置きなどがある。

この時期の尊氏御教書の特徴は、軍勢を集めるための軍勢催促状、寺院に祈禱《きとう》を要請するための御祈御教書が姿を消すことである。これにともない尊氏感状も残っていない。このことは前述したように、二頭政治において政道を担当した直義への権限委任というか、直義との役割分担というか、そういう約束事によるものと考えられる。

ここではそのうち特に守護職補任をとりあげよう。尊氏が御家人武士を守護に補任する御教書が散見する。それは二頭政治期に限ったことではない。当該期に限定すると、たとえば康永二年（一三四三）八月二〇日付の、腹心佐々木導誉を出雲守護に補任した例（「佐々木文書二」）がある。近い例では、建武五年（暦応元）四月一四日、佐々木導誉を近江《おうみ》守護に補任している（同）。

他方直義にはそれがない。全時期を通じて直義が守護職補任に関わった所見はなく、この権限は尊氏が専掌している。守護職は地頭職などと同様恩賞の一つと考えられていたからであろう。

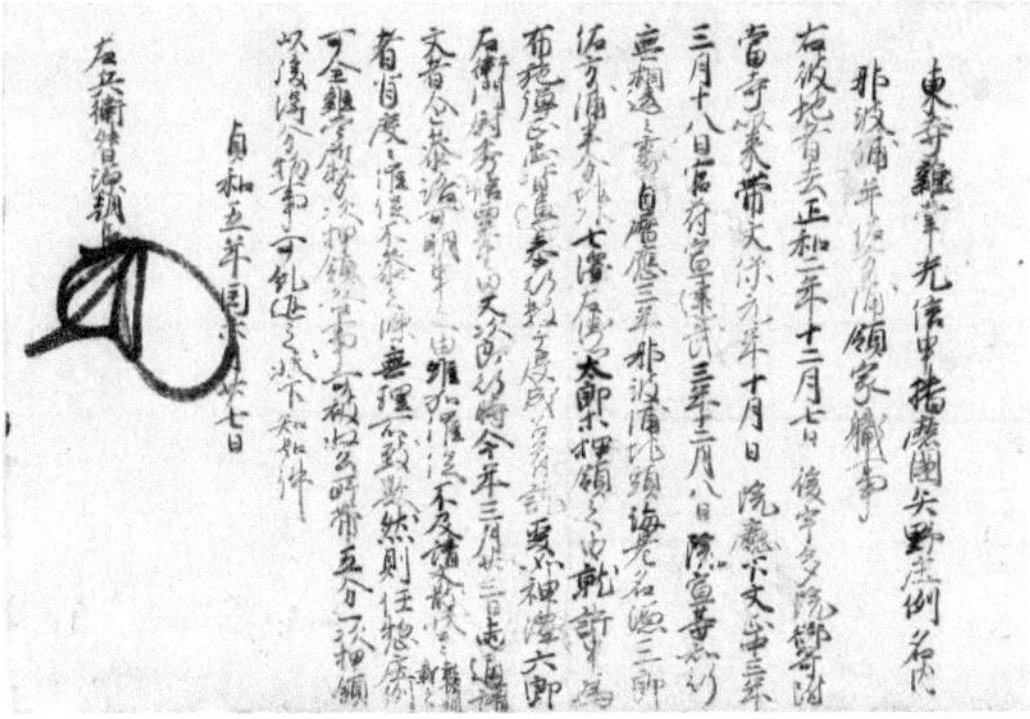

「東寺百合文書」貞和5年閏6月27日足利直義下知状
（京都府立京都学・歴彩館 東寺百合文書WEBより）

直義の発給文書

では、もう一方の政局の担い手たる直義は、どのような文書を残しているか。

二頭政治期において直義が発した文書は、下知状を主体として他に、下文、軍勢催促状・感状、さらに寺社に対して祈禱（「祈禱忠」）を要請する御祈御教書、寄進状などがある（書状は尊氏同様かなり残存する）。なお、直義の全体像とその歴史的役割については別に述べたので（右掲『足利直義』）、詳しくはそちらをご覧頂きたいが、行論の必要最低限の範囲でその発給文書について述べることとしたい。

①足利直義裁許下知状（所領関係裁判の判決）

これに対して、直義の発給文書を著しく特徴付けるのは下知状である。現在知られている直義の下知状、なかでも所領訴訟の判決たる年次の判る裁許下知状は、先述のように建武五年（一三三八）八月二七日付（「石清水八幡宮記録」）を初見とし、貞和五年（一三四九）閏六月二七日付（「若王子神社文書」・「東寺百合文書」）を終見とする、前後一一年間にわたる全九三点である。これらすべての直義下知状は当然二頭政治期に属する。

そのうちの一点が、つい最近東京古典会『平成28年度古典籍展観大入札会出品目録』に載せられた、前欠貞和二年一二月二七日足利直義下知状である。これは新出文書。署判は奥上に「□（左）兵衛督源朝臣（花押）」とあり、紛《まが》うことなき直義下知状である。

直義の裁許下知状の多数の存在は、彼が尊氏より委任された「政道」（いわゆる統治権的支配権）の正体が所領訴訟の裁許権であったことの証《あか》しであることはいうまでもない。

なお裁許を内容とするこれらの他に、その他の用途、たとえば紛失安堵（証拠文書紛失の確認とそれにもとづく安堵）、買得地安堵、祈《き》禱《とう》所指定のものなどがわずかながら存在する。

②足利直義下文（所領の安堵）

尊氏同様に、直義も二頭政治以前から下文を多く発している。しかしすでに笠松宏至の指摘にみたように、その用途は異なっていた。尊氏の下文が袖判の様式をとり、恩賞地の給付を用途とするのに対して、直義のそれは所領の安堵（土地の領有確認）であった。

二頭政治期に限定していうと、こうした下文の残存数は尊氏に比して直義は少なく（尊氏約六〇点に対し直義約三〇点。対比では二対一)、かつ用途も異なるとなると、両者の政治的関係を対等とみなすわけにはゆかず、直義は尊氏の下位にあったとみざるをえない。

③足利直義御教書――軍勢催促状・感状・御祈御教書

先に尊氏が二頭政治期に軍勢催促状・感状、それに御祈御教書をほとんど出していないことを述べたが、では直義はどうなのであろうか。

足利側と建武政権とのにらみあいの中で、直義がいちはやく建武二年一一月には尊氏に先立って新田義貞誅伐《ちゅうばつ》の軍勢催促状を発したことは前述した。現存史料によると、これを嚆矢《こうし》として直義軍勢催促状は俄然《がぜん》多く出始め、任左兵衛督(建武五年〈暦応元〉八月一一日のこと)直前まで毎年多くの実例を残しているが、なぜか暦応二―三年には急減し(筆者の収集では各一点)、翌四年からは多数発給が復活し、その状況は二頭政治終焉の前年の貞和四年七月八日付(「木村文書」、『大日本史料六編一一』六二七頁)まで継続している。直義の一旦失脚は貞和五年九月であるので、この間の一ヵ年余、いかなる状況だったか不明である(尊氏の軍勢催促状もこの間にはみあたらない)。ここでは二頭政治期においては、軍勢催促状は直義が専らこれを発給しており、尊氏はこれに関与していないということを確認すればよい。貞和五年中に実例がみあたらない点は注意したい。

軍勢催促状と近縁の感状についてみると、尊氏は建武五年の後半ころから感状を発していない(観応元年から復活する)。これは二頭政治期には軍勢催促を直義に委《ゆだ》ねたことに起因すると考えられる。他方の直義はどうかというと、建武三年から暦応二年までは多数発していているものの、翌三年（一三四〇）以降観応元年（一三五〇）までは低調で、殊に康永元年（一三四二）・貞和二年（一三四六）には一点もみられない（観応に入ると当然ながら多く残存している）。

続いて御祈御教書。これは寺社にたいする祈禱要請である。尊氏と直義の御祈御教書についてみると、尊氏のそれは建武二年（一三三五）一二月から同三年一一月に多数残存しているものの、翌四年には消えている（観応元年〈一三五〇〉に復活）。また直義のそれは建武二年一一月より建武五年（暦応元、一三三八）にかけて多数みられ、暦応二年（一三三九）—貞和二年の間は残存例は少ないが、翌三年から再び増加している。

ちなみに、公武両政権は精神的支柱として、全国各地に「祈願所」（祈禱所）を設定した。既存の寺院をそれに指定するわけであるが、その伝統は鎌倉時代にさかのぼる。二頭政治の時期の室町幕府においては、祈願所を指定する権限は直義が専掌したもようで、祈願所の指定はすべて直義御教書によってなされている。それは直義が宗教政策を主導したことによると思われる。

二　観応の擾乱前夜

佐々木高貞・土岐頼遠の事件

右で述べたような尊氏・直義の両巨頭によって調和的に運営された二頭政治は、やがて権力闘争によってついに破綻《はたん》をきたし、たちまちのうちに熾烈《しれつ》な内訌《ないこう》の時代を迎えた。その内訌が最も激しかった時期が観応年間（一三五〇―五二）であったことから、この室町幕府の内訌を「観応の擾乱」と呼び習わしている。

「擾乱」とは平たくいえば、内紛のことである。そもそも幕府の内紛であるから、南朝がそれによって「漁夫の利」を得たことはいうまでもないが、当事者の室町幕府にとって、それは幕府が将軍を中心とした強力な政治・軍事組織として確立するうえでのいわば「産みの苦しみ」であったといってよい。

では観応の擾乱の兆しはいったい何時ごろから表面化するのか。このことを考えるとき、真っ先に想起されるのは、高師直の無道ぶりをいかんなく描写する『太平記』の好餌《こうじ》となった塩冶《えんや》判官佐々木高貞《たかさだ》の出走事件である。先に述べた高師直・師泰軍による吉野陥落（一三四八）より七年も前のことである。当時高貞は出雲守護であった。『師守記』など信頼のおける一次史料によってみると、暦応四年（一三四一）三月二四日の夜、武士たちが尊氏・直義の邸宅に参じたこと、直義派の桃井直常《もものいただつね》・山名《やまな》時氏《ときうじ》らが佐々木高貞を追跡していることが知られ、さらにこのことに関連して、出雲地方の寺や武士たちに対して高貞誅伐を命ずる同日付の直義御教書が全四通残存している（「鰐淵寺文書」等）。そこで事件の原因について推測すれば、出走した高貞は立場的には尊氏側とみられることから、この事件は尊氏派と直義派との党派的対立のなかで起こったと考えてよかろう。

加えて、康永元年（一三四二）九月六日に京都で起きた美濃守護土岐《とき》頼遠《よりとお》の事件。頼遠が時の治天下光厳上皇の行列に路上で濫妨狼藉《らんぼうろうぜき》を働いたというもので、一二月一日張本の頼遠は直義の裁断によって斬罪《ざんざい》に処された。この事件は直義派と頼遠派（およびその背後の尊氏派）との間に小さからざる亀裂《きれつ》を生じさせたであろう。

ここにみるような、幕府の構成者たち同士のトラブルは、一見何の背景的事情も有さないかにみえるが、実は尊氏派と直義派との間のつばぜり合いのなかで起きたともみなせるのである。その意味では、尊氏派（より直接的には執事高師直）と直義派との間は、一部の側面においては、貞和四年の吉野陥落の六、七年前にはすでに一触即発の危機的状況に達していたとみなければならない。

足利直冬の紀伊国南軍征討

先の「吉野の陥落」の項で、吉野攻めに関する直義の軍勢催促状は貞和四年二月一日付（「轟簡集残編」）で尽きて、同年四月からは足利直冬指揮の紀伊国凶徒退治を内容とするものに変わると述べた（本書一五七頁）。このことは、吉野を陥落させたあとまもなく紀伊国の南軍攻めが幕府の軍事日程に上がったことを示している。ほとんど休む間もなく次の行動計画が実施されているところからみると、当時幕府が畿内周辺の南朝勢力の征討にきわめて積極的であったことが推察される。

こういうとき歴史の檜舞台《ひのきぶたい》に立たされたのが足利直冬である。直冬は尊氏の実子でありながら、長く歴史の舞台には登場しなかった。彼の登場までの経緯については『太平記巻二六』に記事があるのでここでは省略に従う。直冬の評伝については瀬野精一郎の決定版『足利直冬』（吉川弘文館、二〇〇五年六月）がある。

直冬の初仕事は、紀伊国南軍征討であった。左の史料をみよう。

紀伊国凶徒退治事、就院宣、所差遣左兵衛佐直冬也、（足利）早可令発向之状如件、

貞和四年卯月十六日　（花押）（足利直義）

後藤摂津七郎殿

（「宇野文書」、『大日本史料六編一一』五一〇頁）

後藤摂津七郎という武士に対して「紀伊国凶徒退治のために、軍勢大将として左兵衛佐足利直冬を差遣したので、あなたも早く発向しなさい」と命令した直義軍勢催促状である。こうした文面の直義軍勢催促状が四月一六日—七月八日の間に全六通残存している。養父

直義が直冬の出陣にさいし、直冬のために味方の軍勢を募ったものである。文面をみると、「院宣（光厳上皇の院宣）に就いて」なる文字があり、建武四年八月に出された直義軍勢催促状で「院宣」を権威づけに利用した点と共通しているが、若い直冬の勝利を祈る直義のさりげない配慮なのかもしれない。

このとき直冬がすでに「左兵衛佐《さひょうえのすけ》」であったことも注意される。直冬の左兵衛佐任官の時期は明確ではないが、それも今度の出陣を前にした直義の配慮である可能性は高い。さらに直義自身が当時「左兵衛督」であったことを併考すると、この軍事作戦を成功させようとする直義と直冬の一体感と悲壮感とが強く感じ取られる。

しかしこの戦いで直冬はそうとう苦戦した模様である。そのことについても別に述べたことがあるが（小著『南北朝の動乱』吉川弘文館、九五頁）、直冬はいちおう勝利を収めたものの、直冬率いる幕府軍と紀伊南軍の双方に甚大な戦死者がでた。直冬は厳しい苦戦をしいられたのである。この戦いの継続期間は、吉野攻めに比べてその約二倍の三ヵ月間ほどの長期に亘《わた》っている。

以上みるように、幕府にとって貞和四年は、畿内・近畿地方の南軍征討に力を注いだ年であった。一つは吉野南軍、もう一つは紀伊南軍である。両方ともに味方軍勢の催促には直義があたったが、実際戦場に向かったのは前者の場合高師直・師泰の率いる軍勢、後者は足利直冬の率いる軍勢である。結果は大勝利と苦戦と、大きく異なった。この師直・師泰と直冬の、同じ年の同じ南朝軍との戦いにおける戦績の明暗は、以降の両陣営の勢力関係に多分に影響したに相違ない。筆者がこれを観応の擾乱の伏線とみなす所以《ゆえん》である。

直冬の活動は以下に述べるように、観応の擾乱の時期に九州において最も活発に展開する。その前段というべき九州下向以前の直冬文書としては、貞和四年四月二二日御教書（『早稲田大学蔵資料影印叢書14』一九三頁）から同五年九月八日御教書（「出雲秋上文書」『南北朝遺文　中国・四国編二』一七四九号）にいたる、祈禱の要請を内容とするものを中心に七点ほど収集することができた。

ついでにすこし先の直冬のことまで述べておこう。紀伊南軍追討で輝かしい戦績を直冬にあげさせて、武将としての直冬の名声を天下に轟《とどろ》かせようと図った直義であったが、その目論《もくろ》みはうまくゆかなかったものと察せられる。これを見かねた直義は、さらに計略をめぐらして直冬を「西国の探題」となし、備後国の鞆《とも》に下して、中国の成敗をつかさどらせた（『太平記巻二七』）。

この直冬の西国下向については『師守記』貞和五年（一三四九）四月一一日条に直接関連記事がある。すなわち、備後・備中《びっちゅう》・安芸・周防《すおう》・長門《ながと》・出雲・因幡《いなば》・伯耆の計八ヵ国の管領を委ねられ、直冬が評定衆・奉行人らを多く随伴して、この日の早朝出立したという記事である。つまり直冬の任務は「中国管領」であった。

如意王のこと

貞和三年（一三四七）六月八日、直義夫人の渋川氏《しぶかわ》（渋川貞頼《さだより》の女《むすめ》）は直義の腹心吉良満《きらみつ》義《よし》の二条京極の宿所で男子を出産した（このときの直義夫人の年齢は、『賢俊僧正日記』によると四一、『中院一品記』によると四二）。如意王と呼ばれたこの男子の初誕生は、二頭政治を主導しつつ権勢のまっただ中にいた父直義を俄然狂喜させ、やがて直義の心にその権勢を我が子息に継がせようとする野心を抱かせたものと推察される。

この愛児如意王は結果的には観応二年（一三五一）二月二五日に、尊氏と交戦中の父直義の山城八幡の陣中で夭折《ようせつ》するのであるが（数え年五歳）、直義の子息であったがために、非常に短い生存期間ではあったものの、幕府内の権力闘争の行方に甚大な影響を与えることとなった。

しかし如意王の生存中のどの時点で、直義が権勢を子息に継承させようと考え始めたかは明瞭《めいりょう》ではない。結局直義の野望は実現することはなかったが、しかし観応の擾乱の展開を考えるうえで如意王の存在を看過することは到底できない。

如意王誕生の貞和三年当時の権力者たる直義の周辺を見渡してみると、直義はすでに直冬を養子に迎えていたし、将軍尊氏は自らの後継者に在鎌倉の義詮を想定していたであろう。尊氏にとってみると、直義養子の直冬に将軍の座を奪われる可能性もあり、直義実子の如意王の存在はなおさら危険である。尊氏にとってことに如意王の成長はだんだんと現実の脅威になっていった可能性は高い。

こうした幾重もの権謀術数と疑心暗鬼の渦のなかで、人々の思い思いの野心はとどまるところを知らず、これまで彼らが受け容れてきた二頭政治は次第に本来とはちがう方向へと進んでいったものと思われる。その究極点にあったのが、将軍の地位をめぐる尊氏と直義の互いに相容《あいい》れない思惑であったといってよい。

宝篋院　京都市右京区（著者撮影）

足利義詮の入洛

足利義詮は「足利殿ノ御子息千寿王《せんじゅおう》殿」（『太平記巻一〇』）のことで、のち父尊氏のあとを継いで二代将軍となる人物である。元弘三年三月尊氏は正室赤橋登子とともに義詮を人質として鎌倉に残して出陣した。鎌倉幕府の滅亡のさいも父尊氏の名代として関東武士勢力を束ね、新田義貞らを指揮して鎌倉幕府を滅亡に追い込んだ。建武政権期には鎌倉には成良親王を主帥とし、叔父《おじ》足利直義を執権とする鎌倉将軍府が置かれたので、義詮は直義と何らかの関係を有したはずであるが、その間の事情は不明である。

関東ではその後、中先代の乱などの波瀾《はらん》もあったが、義詮はなおも本拠を鎌倉に置き、京都の将軍尊氏の関東支配を支えたものと思われる。『太平記巻一九』はその役目を「鎌倉の管領」と表現している。北朝下では、康永三年（一三四四）三月正五位下・左馬頭、貞和三年（一三四七）四月従四位下となる（「足利家官位記」、『群書類従四』）。

このあと義詮が上洛《じょうらく》し、替わって一〇歳年下の弟基氏《もとうじ》が鎌倉に下向することになるが、この間の経緯については、まず洞院公賢《とういんきんかた》（ときに太政大臣、五九歳）の日記『園太暦』貞和五年（一三四九）七月九日条に、

後聞、今夜深更、将軍末息（基氏）九歳小童、為関東管領左馬頭義詮（足利）朝臣上洛替、下向、其勢不及百騎云々、不加首服下向、如何、（『園太暦三』九三頁）

とあり、九歳の基氏が首服（元服）をすませないまま、関東管領である兄義詮の替として、貞和五年七月九日の深更百騎に及ばない軍勢を引き連れて鎌倉へと下向したことがわかる。しかし『園太暦』の七月九日は誤りで、「武家年代記」（『増補続史料大成51』）のいう九月九日が正しいとされている。

なおここで基氏関係のことがらを一つ付記しておきたい。それは北朝の明法官人中原師

守の日記『師守記』康永三年六月一七日条（『師守記二』一六六頁）にみえる、この日、学問始・深剃・着袴・馬乗始・弓始など一人前の武門の男子として行うべき五つの儀礼をすませた「左兵衛督直義（足利）朝臣子息実将軍子息也」が一体誰かということである。このことについては古く『大日本史料六編八』が足利直冬とみて綱文を立てたが（二八七頁）、近年では田辺久子が指摘した足利基氏との見方が有力である（『関東公方足利氏四代』吉川弘文館、二〇〇二年九月、四―五頁。瀬野精一郎『足利直冬』同、二〇〇五年六月、六―七頁）。とすると、右の『師守記』の記事は基氏五歳のときのこととなる。

いっぽう義詮の側をみると、『師守記』貞和五年一〇月二二日条には、

今夕秉燭之間、左馬頭源義詮（足利）朝臣将軍子息入京、去三日被立関東云々、

（『師守記五』一七一頁）

とあるから、義詮は貞和五年一〇月三日に鎌倉を出立して、同月二二日に京都に到着したことになる（行程は約二〇日）。

右にみた二つの史料を総合すると、まず基氏が九月九日に出京（鎌倉到着は同月末であろう）、その到着を受けて今度は鎌倉から義詮が一〇月三日に上洛の途についたということになろう。

鎌倉の義詮を京都に召還した理由として『園太暦』貞和五年八月一四日条は、「左兵衛（直義）督政道口入可被止之、関東左馬頭（義詮）已成人之上者、召上可有沙汰云々」、つまり直義の政道を辞めさせ、成人した義詮に替わらせるためだと説明しているが、これはむろん尊氏側の言い分であることは明白である。つまり義詮の召還は直義の政道を義詮に替わらせる目的であったから、その上洛後、義詮と直義の間に一悶着《ひともんちゃく》のあることはあらかじめ予想されることであった。尊氏派との権力闘争はすでに義詮の上洛以前に始まっていたが、案の定、直義は権力闘争に敗れて、貞和五年九月、左兵衛督辞任に追い込まれた（同一二月八日出家。『公卿補任』二『園太暦』三）。

いっぽう直義との抗争に勝利した義詮は、同年一二月一八日には「白襖狩衣《しらあおかりぎぬ》」のていで高師直以下数百人に及ぶ配下の者を引き連れて治天下光厳上皇をその仙洞《せんとう》に表敬訪問した。翌観応元年七月二七日光厳上皇は義詮と師直に御馬を遣わして祝意を表し、さらに同年八月二二日義詮は勲功賞により参議・左中将に昇進した（いずれも『園太暦』）。

このように考えると、観応の擾乱とは、義詮を京都に召還し尊氏の将軍職を順当に継がせるための道を開くために仕組まれたシナリオであったことがはっきりしてくる。

三　文書にみる観応の擾乱

観応の擾乱のなかの文書

観応の擾乱がいつから始まったかは明確ではない。それを確定するのは所詮《しょせん》無理なことである。しかしそうではあっても、画期となったできごと、それを境に流れが大きく変わったというような分岐点を見つけるのは無理なことではない。

いまその考えに立ち、観応の擾乱に直接的にかかわった人物たちの発給した文書によって擾乱の展開過程を跡づけてみよう。そのうち「観応の擾乱前夜」として伏線的な部分についてはすでに述べたので、ここではさしずめ、騒擾が急激に表面化してくる貞和五年（一三四九）あたり以降から、直義が鎌倉で尊氏によって抹殺される観応三年（一三五二）二月くらいまでを扱うことにしよう。

まず最初に全体的な特徴についていえば、第一に、それまでの尊氏と直義の文書発給の仕方がガラリと変わること、つまりそれまでの文書発給のルールがなくなること、このことは二頭政治における権限の分掌が行われなくなったこと、端的にいえば、二頭政治の破綻を意味しよう。第二に、新たに幕府中枢に地位を占めた足利義詮の文書が本格的に出始めること。第三に、幕府の支配機構が後継者義詮を中心に再編され始め、それに対応する形で幕府文書が機能的に整序されることである。

なお、観応元年一二月から同三年三月までの一年五ヵ月（観応三年には閏二月あり）の間に、幕府文書のなかに南朝年号である「正平《しようへい》」が登場するが、これは直義および尊氏・義詮が政治・軍事上の便宜的な目的のためにそれぞれに南朝に投降するという形をとったために生起した現象である（正平一統）。

このうち一年余先んじた直義は「正平」年号を使用した文書をまったくといってよいほど残していないが（確認されるのは「観応二年日次記」〈『続群書類従二九下』〉収録の正平五年一二月一七日沙弥恵源《えげん》〈足利直義〉請文のみ。『園太暦』観応二年正月一二日条に「武衛入道〈直義〉南方和談破了」とみえるように、まもなく決裂したのが原因）、これに対して尊氏・義詮はこの間においてはきちんと「正平」年号を使用している。

尊氏の発給文書

最初に将軍の座にある尊氏の発給文書から述べよう。

（1）足利尊氏袖判下文

結論的にいって貞和五年までは通常とさしたる変化はない。たとえば、貞和元―四年の間でいうと、年平均で七点ほどの尊氏袖判下文（内容は武士への恩賞地給付）の残存が認められ、貞和五年でも六点確認できる。ところが観応に入ると俄然増え出し、観応元年（貞和六）一〇点、同二、三年には各々二〇点以上の残存例がある。

この増加現象の起点が貞和五年にあることは明らかであるが、もう少し細かくみると、同年八月二八日付で尊氏袖判下文が四点も残存しているのが少々気になる（「新居氏所蔵文書」、『南北朝遺文　関東編三』一八四四、一八四五号等）。おそらくこの日に尊氏にとっては何らかの重大な方針転換を伴うできごとがあったことは事実であろう。丁度この時期に直義が左兵衛督を辞したことからみて、それは実質的な直義の失脚に伴う幕府政治路線の大幅変更であったろう。

いわゆる二頭政治はここに終焉した。尊氏は直義との本格的抗争の開始の時点で、御家人武士との封建的支配関係を拡充する目的で、この日（八月二八日）に多数の恩賞給付の袖判下文を一斉に発給したものと察せられる。

（2）足利尊氏御教書

①軍勢催促状

観応の擾乱の本格化とともに、建武五年以来ストップしていた尊氏の軍勢催促状の発給が観応元年より再開される。観応二、三年ともに多くの実例が確認される。勲功の将士を褒する尊氏の感状も同様の残り具合を呈している。

このことは二頭政治の期間にあっては軍勢催促を、尊氏ではなく、直義がもっぱらこれを行っていたことを示している。戦いの季節を迎えた尊氏は、軍事力を獲得する必要から俄然軍勢催促状を出し始めたものと推察されるが、注意すべきはその軍事的精力が主として実子足利直冬の誅伐に注がれていたという事実である。

直冬が貞和五年（一三四九）四月中国管領として備後の鞆に下ったことは前述したが、尊氏との関係はさらに悪化した。尊氏の出家するようにとの勧めにもかかわらず直冬は同年九月には九州肥後国の河尻幸俊の庇護《ひご》を受けて肥後河尻津に落ち下った（貞和五年一〇月一一日足利尊氏御判御教書、「阿蘇文書」、『南北朝遺文 九州編三』二六四七号等）。かくして明確な尊氏の直冬誅伐の意志のこもった軍勢催促状が出始める。一例をあげよう。

兵衛佐（足利）直冬事、陰謀既露顕了、早令発向彼在所、可誅伐之状如件、

貞和五年十二月廿七日 （足利尊氏）（花押）

嶋津大隅左京進入道殿（伊作宗久）

（「島津家文書」、『南北朝遺文 九州編三』二六八三号）

薩摩の島津宗久にあてて直冬討伐を命ずる内容であるが、同日付、同文の文書が右を含めて四例残存している。尊氏の直冬誅伐を命ずる軍勢催促状はこれより観応までの間に実に多数残存している。

注目されるのは、観応二年（一三五一）九月の段階で、尊氏と直義との関係が「高倉禅門（直義）事、就被申子細、所合躰也」という一旦和睦《わぼく》という事態になっても、直冬だけは許せないという尊氏のかたくなな態度である（〈観応二年〉九月二四日足利尊氏御判御教書、「大友家文書録」、『南北朝遺文 九州編三』三二九一号）。この尊氏の厳しい姿勢の背後には将

軍ポストをめぐる直冬への強い危機意識があるものと思われる。

②御祈御教書

御祈御教書とは、世俗の権力を持つ者が寺社に対して天下泰平や凶徒退治などの現世利益を祈らせるために出した直状《じきじょう》形式の文書のことである。法力は人力のおよぶところではなかったから、武力や兵力以上の不可思議な威力を持つものとして畏怖《いふ》されたことは容易に推測することができる。そのための方法が祈禱であり、祈禱は「祈禱忠」という言葉が当時の史料に散見するように、主君に対する「僧の忠節」というべき性格の行為であった。

そもそも尊氏が発給した御祈御教書は元弘三年、建武二年に各一点ずつ見いだされたが、集中的に見られるのは翌建武三年中であって、建武三年三月（「北肥戦史」、『南北朝遺文 九州編一』四六三号）から同年一一月（「美濃長瀧寺文書」、『大日本史料 六編三』八五五頁）の間に二六点ほど集めることができた。

ところがこの建武三年中の最終事例のあと、

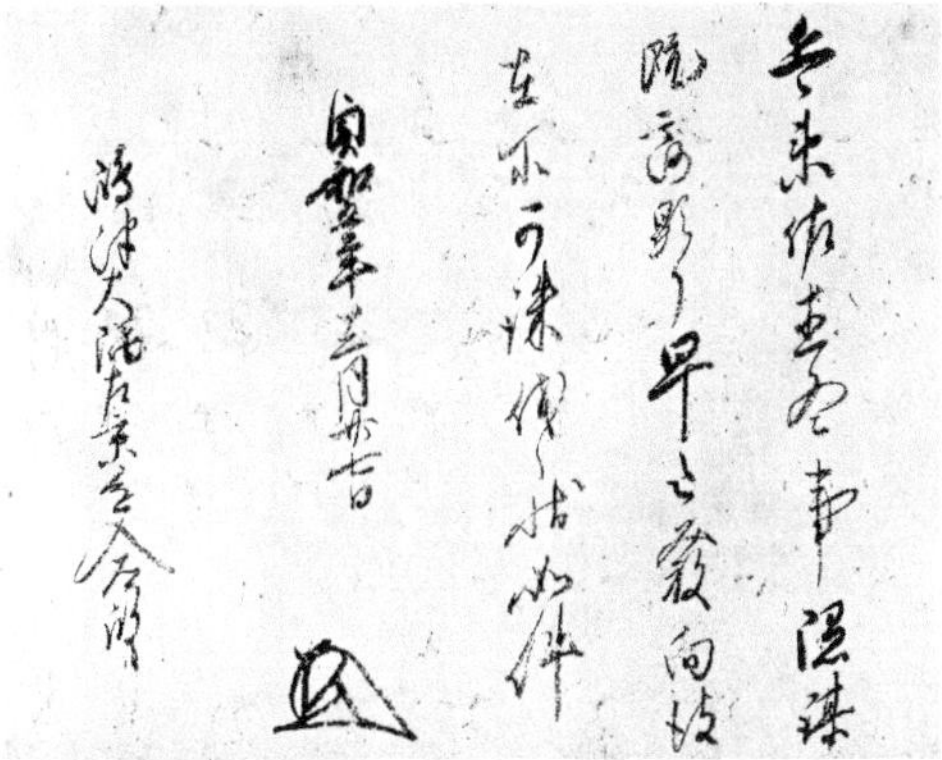

「島津家文書」貞和５年12月27日足利尊氏御判御教書
（東京大学史料編纂所所蔵）

観応元年七月二八日（「東寺百合文書」、『大日本史料六編一三』七五三頁）までの十数年間まったく検出することができない。この間が、二頭政治の期間であることを考慮すると、尊氏は二頭政治にあっては御祈御教書を発給することを控えたものとみなさざるを得ない。観応元年七月以降は、尊氏の御祈御教書は延文三年の没年までコンスタントに発給されている。

要するに、尊氏が二頭政治の間に軍勢催促状を出さなかったことは前述したが、尊氏は同時に御祈御教書もまた出し控えたことが知られるわけである。

直義の発給文書

（1）足利直義裁許下知状

南北朝時代の文書を代表する、堂々かつ整然とした足利直義の裁許下知状は、現段階では建武五年（一三三八）八月二七日付から貞和五年（一三四九）閏六月二七日付までの総計九三通が知られているということを前述した。

裁許下知状の不存在は直義が裁許権を失ったことを意味することから、二頭政治はおおよそ貞和五年閏六月の時点で実質的に終焉したとみなされる。ただ直義が依拠したと思われる左兵衛督の官職を解任されるのは、もうすこしあとの同年九月である（『公卿補任二』六二五頁）。

ちなみに、直義の裁許権はその後義詮に継承されたとおぼしく、義詮は直義と同様の裁許下知状を、観応元年（一三五〇）三月から延文元年（一三五六）一〇月までの約六年の間に総計九点ほど残している。そのことについては後述する。

（2）足利直義下文

前述したように、直義は二頭政治以前の建武二年から下文を出したけれども、その用途をみると、尊氏の下文が新恩給付であるのに対して、直義のそれは所領安堵に限定されるものであった。では二頭政治が破綻した観応の擾乱以降はどうであろうか。

そもそも直義下文の署判例式は現存の実例によると、康永四年（一三四五）四月から袖判形式にかわっているが（それまでは奥上署判。署判形式の変化はおそらく康永三年九月の叙従三位を契機としたと思われる）、その直義袖判下文の最終事例は、現在のところ貞和四年一一月七日付（「倉持文書」、『栃木県史　史料編中世三』一三頁）である。これ以降直義の下文は所見がないところをみると、裁許権より早い時期に所領安堵の権限を失ったものとみられる。

観応以降の実例で確実なものでは以下の二点が知られている（『大日本史料六編一四』七六五頁に載せる「八木文書」観応二年二月一九日下文は写であり、花押の形状からみて直義下文と断定できないので外した）。

①観応二年五月二一日足利直義袖判下文〈尼心妙に亡父高師氏〈師直の祖父〉の譲状等に任せて三河国額田郡比志賀郷を安堵する。「三河総持尼寺文書」、『南北朝遺文　関東編三』二〇〇八号〉

②観応二年一二月一六日足利直義袖判下文〈田代豊前三郎顕綱に勲功賞として和泉国大鳥荘内下条村地頭職〈田代左京亮跡〉をあてがう。「田代文書」『大日本史料六編一五』六六六頁〉

右のうち、①は直義が幕府政治に復帰した観応二年二月—同七月の間のもの、また②は京都から出走した同八月以降のものである。①は譲与安堵を用途とする点で二頭政治期を含めてそれ以前の直義下文の延長上にあるとみてよいが、②は恩賞地のあてがいという点でこれまでの直義下文に比して著しく異質である。その意味で②は、直義がこれまでできなかった恩賞地あてがいを、最終段階というべきこの時期に至って初めてこれを行ったということができる。それは直義の最期を予言するものであった。

（3）足利直義御教書

①軍勢催促状

直義は観応の擾乱の時期以降にどのような御教書を残しているか。まず際だっているのは軍勢催促状である。直義の軍勢催促状を収集して編年に並べてみると、貞和三年八月以降ではその誅伐の対象が明確に示されていて面白い。

すなわち前述したように、貞和四年七月八日までは「紀伊国凶徒」が誅伐の対象であったのに（本書一七三頁）、そのすぐ次にくる観応元年一一月三日付（同日付が六点残存。「改姓築山河野家文書」『南北朝遺文 中国・四国編二』一八八七号等）から同二年二月五日付（「三島神社文書」、『南北朝遺文 関東編三』一九六七号）までの二三点すべてに「師直・師泰誅伐事」の文言が備わっている。

直義にとって誅伐すべき相手は高師直と同師泰であることを明示する事実であるとともに、両陣営の抗争がいかに熾烈であったかを物語る史料の残り方である。すでに述べたように、貞和五年九月ころから尊氏と直冬の間の確執が始まり、同一二月には直冬退治を命ずる尊氏の軍勢催促状が出されるほどの本格的な敵対関係へと進展する。それは直冬の紀伊南軍討伐のわずか一年ほどのちのことであった。

観応二年二月に直義が宿敵高師直らの誅伐に成功したのち、約半年の間、直義の軍勢催促状はみえなくなるが、同八月から尊氏との戦いが再開するとまた現れる。今度は「嗷訴之輩誅伐之事」と書かれている。直義に「嗷訴《ごうそ》之輩」と指弾されたのは、敵方尊氏の党類にほかならない。

②その他

直義は右にみた軍勢催促のほかにどのような内容の御教書を残しているか。貞和五年以降の直義文書のなかで多いのは、畿内などの寺院に祈禱の精誠を要請する御祈御教書であり、観応元年から翌二年にかけての時期に二五点ほど残存しており、同時期に残存する直義御教書の約半数を占めている。

その他、軍事行動に関わるもの、恩賞関係の事務的連絡、所務沙汰《さた》関係のものといったようにその用途にはバラエティがあるが、それらのなかでも注意されるのが以下の二つである。

①（観応元年）一二月二四日足利直義御教書（高師直・師泰誅伐の忠節を条件に河野通《みち》盛《もり》に対して伊予《いよ》守護職と本領の安堵を約契する。「改姓築山河野家之譜」、『南北朝遺文 中国・四国編二』一九一九号）

②観応二年四月一三日足利直義御教書（宇都宮氏綱《うつのみやうじつな》が所望する修理亮の官途について、東福寺造営の召功として公家に推挙する。「東福寺文書」、『南北朝遺文 関東編三』一九九五号）

右のうち、①は反対解釈すれば直義に守護職補任権がなかったことを立証する点で、また②はこれまで直義がもってきた官途推挙権の片鱗《へんりん》がなお残存したことをうかがわせる点で、それぞれ興味深い史料である。

義詮の発給文書

（1）足利義詮袖判下文

足利義詮の袖判下文は確実なものでは、観応二年（一三五一）正月二〇日付（「久下《くげ》文書」、『大日本史料六編一四』六六九頁）が初見である（当時義詮は数え年で二二歳）。丹波国の久下頼直に勲功賞として同国心（志カ）楽荘地頭職等をあてがうという内容。義詮花押の形状は前期型。同様の袖判下文は同二月中に三点残存している。ちなみに義詮の花押は観応二年二―四月の間に前期型花押から後期型花押へと変化するが、その理由として高師直の影響からの脱却が指摘されている。

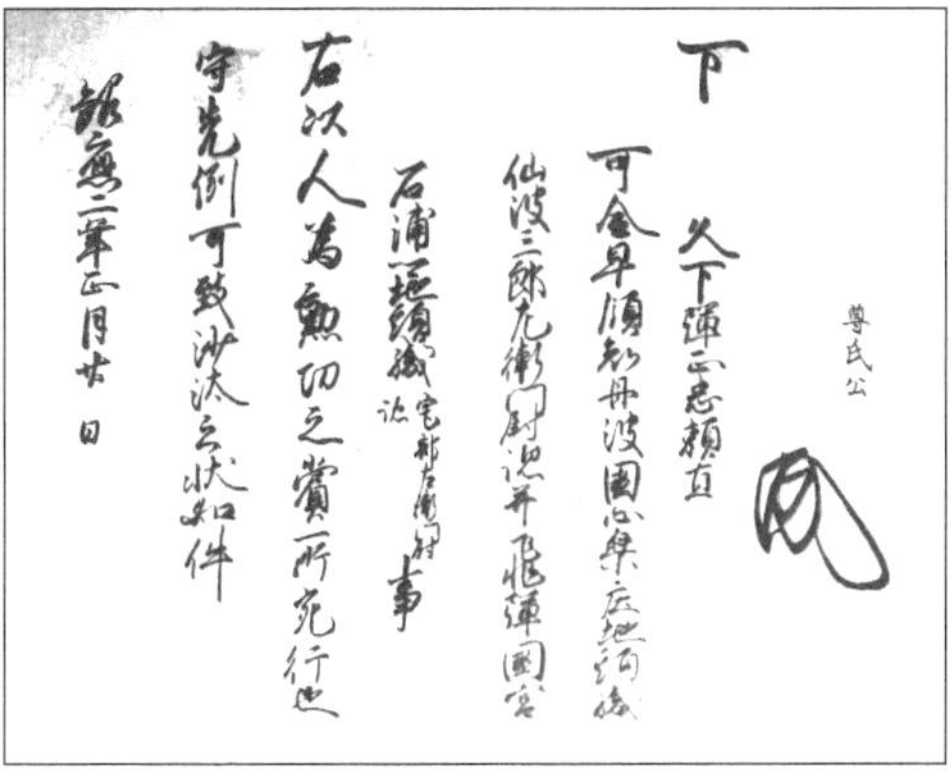
「久下文書」観応2年正月20日足利義詮袖判下文（東京大学史料編纂所所蔵影写本）

これ以降の義詮袖判下文の残存状況についてみると、観応二年九月二〇日付（「佐々木文書」、『南北朝遺文　関東編三』二〇五一号）を初めとして、観応二年―八点、観応三年―一八点という具合に、多くの袖判下文をしかもコンスタント

上は、足利義詮の前期型花押（『花押かがみ』7）、下は、足利義詮の後期型花押（同）

に発給している。

すでに観応年間の尊氏の袖判下文について調べたとき、尊氏の場合は「観応に入ると俄然増え出し、観応元年（貞和六）一〇点、同二、三年には各々二〇点以上の残存例がある」（本書一八二頁）と述べた。ということは、義詮が入洛《じゅらく》した貞和五年（一三四九）一〇月より約一ヵ年後の観応二年初頭から、恩賞地あてがいのための袖判下文は、将軍尊氏と将軍職見習いの義詮父子二人によって発給されたことになる。

この尊氏・義詮父子による袖判下文の発給はそのまま継続し、文和《ぶんな》四年（一三五五）八月四日付（「佐々木文書」、『南北朝遺文　関東編四』二六六五号）でもって尊氏の発給が終了すると、将軍となった義詮が単独で袖判下文を発給する態勢となる。将軍尊氏が固守してきた袖判下文の発給権はこうして将軍職見習い時代の義詮のもとに帰し、尊氏から義詮への権限の譲渡は実にスムーズに進行・達成したものと考えることができる。

（2）足利義詮裁許下知状

足利直義の裁許下知状の最後が貞和五年（一三四九）閏六月二七日付のものであること

は前述した。ではそれ以降、裁許下知状はどうなったのであろうか。結論的にいうと、義詮に継承された。ここではその義詮の裁許下知状について簡略に述べることとする。

足利義詮の裁許下知状は、観応元年（一三五〇）三月二七日付（「東西展観古典籍大入札会目録」一九七四年一一月）を初見とし、延文元年（一三五六）一〇月一九日付（「東寺文書」、『大日本史料六編二〇』八八二頁）を終見とする全九点である。時間的な範囲でみると六年間にわたっており、細かくみると、まず観応元年三―五月のわずか三ヵ月の間に四点、観応二年六―九月の間に二点、そして文和元年（一三五二）に一点、延文元年に二点という具合である。これ以降の義詮の裁許下知状は現時点では知られていない。

要するに、直義の裁判権はその失脚後尊氏に握られたのではなく、後継者として入洛した子義詮によって、しかも将軍職見習いの段階で継承されているのである。この場合、義詮が裁判権を継承したけれども、直義のようには裁許下知状を多く残していない点に注意すべきである。義詮の時代には、前代の直義とは異なる裁許の仕組みが準備されたとみなければなるまい。

（3）足利義詮軍勢催促状

足利義詮の軍勢催促状の初見は、観応元年六月三日付（「安宅文書」、『南北朝遺文　中国・四国編二』一八一九号）と思われるが、観応年間は軍事的抗争が多発したこともあって、比較的多くの義詮軍勢催促状が残っている。ざっと数えても、観応元年―八点、観応二年

（正平六）―三点、観応三年（正平七）―二五点といった具合である。先に述べたように、父尊氏はこれよりやや早く貞和五年一二月あたりから形式の定まった軍勢催促状を出しているから、義詮の軍勢催促はやがて父のそれと同一歩調をとるようになったとみるべきであろう。

（４）足利義詮御教書――御祈御教書

義詮の御教書のうち注目されるのは御祈御教書である。その確実な初見は貞和六年（一三五〇）二月二一日付（「東寺文書射」、『大日本史料六編一三』四三九頁）と思われるが、これを嚆矢《こうし》として観応年間には多くの御祈御教書を残している。

他方、先述したように観応年間には、尊氏の御祈御教書も観応元年七月二八日付（「東寺百合文書」、『大日本史料六編一三』七五三頁）を先頭にして数多く出されているので、傾向としては（３）の軍勢催促状の場合と同様であったろう。

直冬の九州下向

尊氏の実子にして直義の養子となった直冬については、貞和四年紀伊南党追討という初仕事ののち、翌年中国管領として西国に下向したところまですでに述べた。この直冬が京都を去って西国に下ったのちに観応の擾乱は本格化するわけであるが、この争乱の展開を複雑にし、いわば観応の擾乱の九州版を現出させたのがほかならぬ直冬であった。

貞和五年（一三四九）閏六月直義の先制攻撃による高師直の執事職罷免、同八月の師直の反撃による直義の政道辞退などを経て、同九月に直義が失脚するにおよび、直冬には直義の息がかかっていたから、直ちに尊氏からは討伐されることとなった。そのことについては『園太暦』貞和五年九月一〇日条が以下のように伝えている。

> 九月十日、或云、兵衛佐直冬（足利）可追討、可遣討手之旨、此間有沙汰、而聞此事、没落四国方、与州輩幷備州阿久良以下向取之云々、又世上物忩之基歟、只無遠慮之故也、

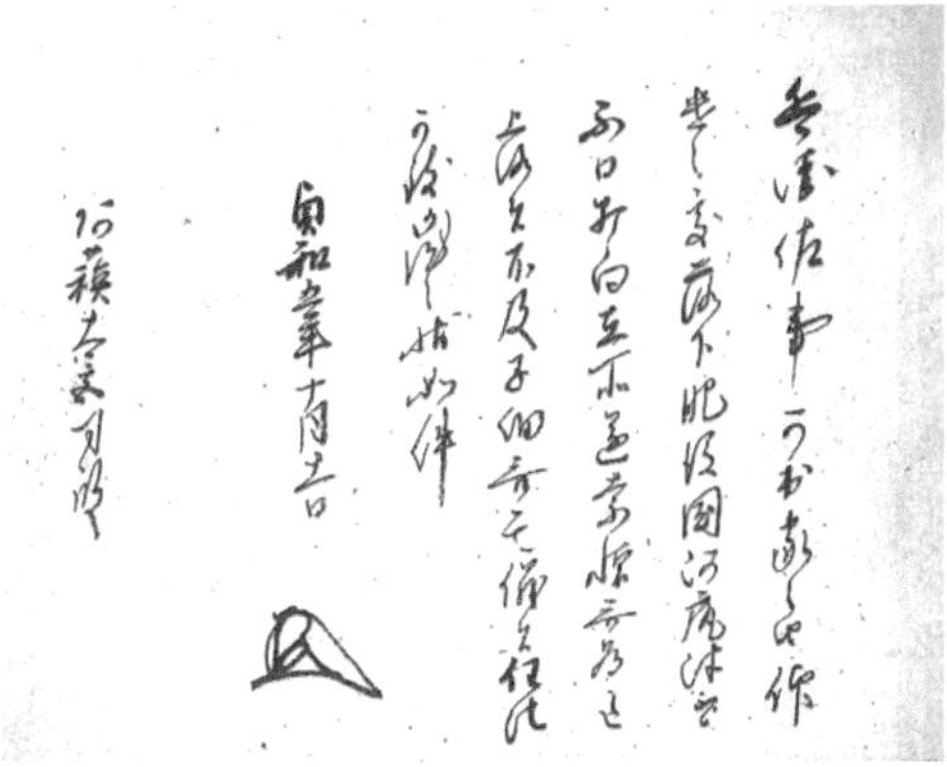

「阿蘇家文書」貞和5年10月11日足利尊氏御判御教書
（熊本大学附属図書館所蔵）

右の記事によって、尊氏から追討される身となった直冬は四国方面に没落したことが、さらにその後については「阿蘇家文書」貞和五年一〇月一一日足利尊氏御判御教書（『南北朝遺文 九州編三』二六四七号）によって肥後国河尻津（現、熊本市南区）に逃れたことが知られる。

兵衛佐（足利直冬）事、可出家之由、仰遣之処、落下肥後国河尻津（飽田郡）云々、不日打向在所、遂素懐、
無為令上洛者、不及子細、無其儀者、任法可致沙汰之状如件、

貞和五年十月十一日　（足利尊氏）（花押）

阿蘇大宮司（宇治惟時）殿

尊氏の直冬への対応の仕方は段階的であり、聞く耳もたぬ直冬に対して尊氏は態度を次第に硬化させていった模様である。具体的にいうと、尊氏は右の史料では「おとなしく出家を遂げて帰洛すれば子細におよばない」といいつつ、同年十二月には「陰謀既露顕了、可誅伐」と語気を強め、さらに翌観応元年四月以降には誅伐・退治さるべき「凶徒」と指弾している。

他方、直冬の側には拠《よ》るべき権威の点で弱みがあったとみえて、直冬が貞和五年九月肥後の志岐氏や阿蘇氏に対して出した文書には「自京都依有被仰之旨、所令下向也」、すなわち「京都の幕府の仰せをうけて下向したのだ」といい繕っている（「志岐文書」「阿蘇家文書」、『南北朝遺文 九州編三』二六二三・二六二六号）。

この段階でのこうした文言は、同年一一月以降には「為奉息両殿（尊氏・直義）御意、所打立也」（自分は尊氏・直義の御意を息《やす》め奉《たてまつ》るために打ち立ったのだ）という表現に変わっている（これが翌観応元年一二月まで続く）。尊氏が直冬のかかげるスローガンは虚偽であ

ることを九州の国人たちに直接的に告げているにもかかわらず、こうした文書が飛び交っているのは、まことに不可解な現象である。

そうした変則的かつ不安定なかっこうで九州下向した直冬であったが、直冬が九州で短期間のうちに大きな軍事勢力を形成したことが、洞院公賢の日記『園太暦』にみる「兵衛佐直冬（足利）於鎮西猛勢、為治罰師直（高）・師泰（高）、催其勢欲攻上之由有風聞」（貞和五年一二月六日条）や「九州蜂起、直冬靡九州之勢」（観応元年一〇月一六日条）などの記事によって知られる。

直冬の発給文書

では直義の分身としての直冬の動向を、畿内周辺や九州の状況と関連させつつ考えてみることにしよう。この場合もっとも信頼がおけるのは発給文書である。直冬が九州に下って出した文書の現段階における初見は、肥後国天草《あまくさ》の武士志岐兵藤太郎隆弘にあてた貞和五年九月一六日御教書（「志岐文書」、前出）である。現在知られている直冬の発給文書は全部で三百余点にのぼるが（外題安堵や証判も含む）、直冬の在九州の期間を貞和五年（一三四九）九月半ばから文和元年（一三五二）末（『園太暦』文和二年正月一〇日条参照）までの三年余とみると、この間に約二五〇点（約八割）が出されている。直冬の活動の中心は九州時代だったといってよい。

さらにその九州時代の核心部分をみてみよう。かりに観応年間(一三五〇—二)に限定してみると、観応元年—約一一〇点、同二年—約八〇点、同三年(文和元)—約二五点、総計約二二〇点が含まれることになる。直冬の活動は、年号でいうと観応年間が中核となるといってよい。もっとも直冬は、貞和六年二月二七日に観応と改元されても新年号を用いず依然として貞和六年を使用したし、貞和七年(観応二)になって六月五日—一〇日の間にやっと観応二年を用い始めた。この間の一年三ヵ月、直冬は幕府に抵抗して旧年号を使用し続けたのである。

このように考えると、観応年間の九州を中心とした直冬の一時的な勢力拡大は、中央政治における観応の擾乱という政治・軍事の混乱を背景にして生起した、いわば観応の擾乱の九州版であることをよく理解することができる。

注目すべきは、京都の幕府における政情の変転に伴い、直冬がこの間の観応二年三月三日尊氏より鎮西探題に任命されたことである(『園太暦』同日条)。鎮西探題とは九州を統治する幕府機関であるから、その長官に任命されるということは幕府の重要な構成員の一人になるということを意味する。にもかかわらず、それ以降も三ヵ月余の間旧年号を使用したこの反骨精神は尊氏に対する不信感の表れであろうか。この間の事情について『歴代鎮西誌』は、「将軍家(尊氏)と直冬、父子相和睦、これにおいて筑紫の武家方一統矣」と記している(『大日本史料六編一四』八五九頁)。

これ以降の直冬の動向を略述しておくと、以下の通りである。直冬は文和元年末に長門国豊田郡に転進、同国豊田城に移り、翌二年の二—三月には「鎮西兵衛佐《直冬》乗勝以外」とか「鎮西以外蜂起、直冬《足利》勢欲東漸」という情報が京都に伝わり幕府の心胆を寒からしめたが(『園太暦』文和二年二月三〇日、三月二四日条)、おそくとも同年五月からは明確に南朝年号たる「正平八年」を用いている(「正法寺文書」正平八年五月一三日直冬御教書、『山口県史史料編 中世三』七七四頁)。同月直冬は周防国府に着到(『園太暦』文和二年五月一九日条)、九月には南朝の後村上天皇綸旨を受けて「惣追捕使」・「諸国守護」などの任務を仰せつかり(『園太暦』文和二年五月一九日、九月三〇日条)、さらに文和四年(正平一〇)一月には南朝軍の総大将として入京を果たした(同、文和四年一月二二日条)。現存の終見文書は、正平二一年(一三六六)一二月八日直冬御教書(『吉川家文書二』一二六五頁)である。

（1）足利直冬下文

まず下文である。直冬下文の初見は、貞和五年一一月一九日付で、肥後の詫磨宗直に対して恩賞の地として筑後国竹野四ヶ郷地頭職等をあてがうという内容である(「詫磨文書」、『熊本県史料 中世篇五』五四二頁)。逆に終見は、観応三年六月二九日付で、日向国の伊東祐武に対して肥前国太田荘の替として肥前国村田荘地頭職をあてがうという内容(「日向記」、『大日本史料六編一六』六一九頁)。この間の全四七点が残存する直冬下文のすべてである。署判の形式は奥上に「源朝臣(花押)」、内容は恩賞地のあてがい。年別の内訳は、貞和五年―二点、観応元年―一九点、観応二年―一八点、観応三年（文和元）―八点。直冬の下文はすべて在九州時代に出されたもので、九州を去って以降の例は一つもない。

ここで想起すべきは二頭政治期における養父直義の下文であって、直義の下文はみな安堵であって新恩の給付は一例もなかった。つまり直冬は時期は異なるけれども、直義とはちがって新恩給付の下文を堂々と出しているわけで、いわば尊氏とおなじ主従制的支配権を行使しているのである。尊氏がことさら直冬を敵対視したのはこうした将軍の権限を侵したことによるのかもしれない。逆に直冬は直義が多く残したような裁許下知状をまったく残していない。

（2）足利直冬御教書

御教書に限定すると、直冬は貞和四年（一三四八）から正平二一年（一三六六）までの一八年の間に約一五〇点を残している。このうち貞和五年九月半ば―文和元年末の三年余の間に、直冬の御教書は百余点残存している。御教書の残存比重も九州時代が最も大きい。

この約一五〇点におよぶ直冬御教書の内容をみると、最も多いのは当時の時代的特徴を反映して軍勢催促が約六〇点。このうち五〇点は九州時代のものである。ほかに安堵状が約四〇点。このうち申請者が提出した申状の裏面などに書き付けた直冬の外題安堵が約三〇点（すべて九州時代）、所領のあてがいが六点（そのほとんどは正平一六年以降のもの）などがある。

またその実効性は別として興味深いのは、詫磨氏や吉川《きつかわ》氏など九州・中国の有力武士を筑後・伊勢・土佐《とさ》などの守護職にするというもの（それぞれ貞和五年、同六年、正平一八年）や、毛利《もうり》氏を南朝の「兵部少輔《ひょうぶしょう》」に推挙するというもの（正平二一年）で、直冬が新年号を使用せず独自に旧年号を用いた時期のあったことを考え合わせると、直冬の支配範囲が一種の独立王国まがいの様相を呈したのは、どうやらこうした仕掛けのなせるわざであったことがわかる。

尊氏と直義の関係

「尊氏と直義」というタイトルの本章を終えるにあたって、尊氏・直義兄弟の人間関係について述べておくことにしたい。二人の人間関係といえば、「この世ハ夢のことくに候」で始まるかの著名な建武三年（一三三六）八月一七日足利尊氏願文（「常盤山文庫所蔵文書」、『大日本史料五編』巻末補遺）をふまえて、尊氏と直義の間の仲睦《なかむつ》まじい兄弟愛がよくひきあいに出される。しかし尊氏は観応の擾乱の最終段階の観応三年（一三五二）二月に鎌倉において直義を殺害することになっているので、両者の間の大きな落差に驚嘆せざるをえない。この落差は一体何によって生じたのであろうか。

このことを考えるとき、左のようなヒントとなることがらがいくつかあるように思う。

①尊氏と直義の軍勢催促状をみると、互いに敵対した時期においても相手を退治・誅伐の対象として名指ししてはいない。具体的にいうと、観応の擾乱以降、尊氏の軍勢催促状で「凶徒」として名指しされるのは直冬であって、直義が名指しされた例はない。同様に直義の軍勢催促状をみると、誅伐の相手は高師直・師泰であって、尊氏を名指しした例はない。

②観応の擾乱の序盤戦の貞和五年八月、師直が直義を討とうとしたとき、事前にその企てを察知した直義は移ったばかりの尊氏の新邸に逃げ込んだこと（史料表現は「武衛（直義）馳渡大納言（尊氏）新第」とある。洞院公賢（ときに太政大臣）はこのときの師直の軍事行動とそれへの尊氏の対応について「或人云、大納言（尊氏）与師直（高）兼有内通事歟云々」と巷間《こうかん》の説を書きとめている（『園太暦』貞和五年八月一三、一四日条）。

まず①について。味方の軍勢を集めて誅伐すべき真の敵はだれかと問われると、尊氏の場合は直冬であり、直義の場合は高師直・師泰であるということになろう。つまり尊氏と直義との間に直接的な敵対関係は認められないのである。この交差した形での対立関係が当事者同士の勝ち負け意識を希薄にし、観応の擾乱における人間関係を見えにくくしている。

さらに②について。師直から武力攻撃をうけた直義がそのような場面で尊氏の邸宅に逃げこむということは、直義と尊氏の間に少なくとも一定程度の信頼関係がなくてはあり得まい。そこで考え合わせるべきは洞院公賢の記事、すなわち「尊氏と師直とはかねて内通している」という巷説である。つまり直義は尊氏と師直のかねての計略にかかったのだといっている。この巷説は、嫡子義詮を何とか幕政へ参画させようと腐心する尊氏の立場を考慮するときわめて蓋然性《がいぜんせい》の高いもので、おそらくそのとおりであったろう。

要するに、尊氏と直義の軍事的な関係は、互いに軍勢催促状において相手を指弾するような性格のものではない。二人は、表面的・政治的には厳しく対立しつつも、その間にはかつての兄弟愛がなお底流していたとみるべきなのであろうか。

第五章　足利義詮への継承——室町幕府体制の展開

一　将軍権力の移行と一元化

義詮への将軍権力移行

そもそも観応の擾乱とは、歴史的にみたとき、幕府政局の分裂現象を解消し、将軍専制への道を開いた事件だと総括することができる。その擾乱の終息（目安となるのは観応三年二月の直義抹殺）以降、尊氏から義詮への将軍権力の移行はどのようになされたのであろうか。そのことを跡づけるには両人の文書の発給によって調べるのがもっとも有効である。

義詮が将軍宣下を受けて正式に将軍となるのは、尊氏が死去する延文三年（一三五八）四月三〇日より七ヵ月ほど後の、同年一二月八日のことである（「足利家官位記」、『群書類従四』所収）。

「成年」の実年齢と思われる数え二〇歳に達した義詮が入洛《じゅらく》したのは（貞和五年〈一三四九〉一〇月末）、先に『園太暦』の記事によって示したように、父尊氏の将軍職を継承するためであった。したがってこの義詮の入洛時より尊氏没時までの約一〇年は、義詮にとってはいわば将軍職見習いの期間ということができる。ではこの間に、いったいどのような方法や手順で将軍権力が父子の間で移行したのかを、特に文書の発給を通してみることにしよう。

ちなみに、尊氏は観応二年一一月—文和二年九月までの約二年の間、直義追討と関東統治の目的で幕府を留守にし、東国に下向するのであるが、この期間、尊氏と在京の義詮のあいだで統治地域の分担（尊氏＝東国以北、義詮＝それ以外の地域）があった。

（1）足利尊氏・義詮袖判下文

着目すべきは、将軍権力の最も直接的な表現たる袖判下文《そではんくだしぶみ》の発給である。この時期における袖判下文は尊氏・義詮父子の二人によって多く出されており、その用途はほとんどの場合、勲功賞としての所領あてがいであるが、ごくまれにかつての二頭政治期に直義が残したような譲与安堵《あんど》の例もある。この二人の袖判下文を発給時期と用途に即して比較検討してみよう。

まず将軍尊氏である。尊氏の袖判下文は観応年間に入ると急増すると前述した。そうした傾向は観応三年が文和元年と改元されて以降、少なくとも文和三年（一三五四）までは継続している（実は案文も少なくなく厳密にカウントすることは不可能）。翌文和四年（一三五五）に入ると残存は一気に減少し、同年中にただ一点認められる文和四年八月四日付（「佐々木文書」、『南北朝遺文　関東編四』二六六五号）が最後となる（但しこの文書は案文であるが、袖の「御判」にかけて「等持院殿様」（尊氏）の文字がある）。この袖判下文を尊氏のも

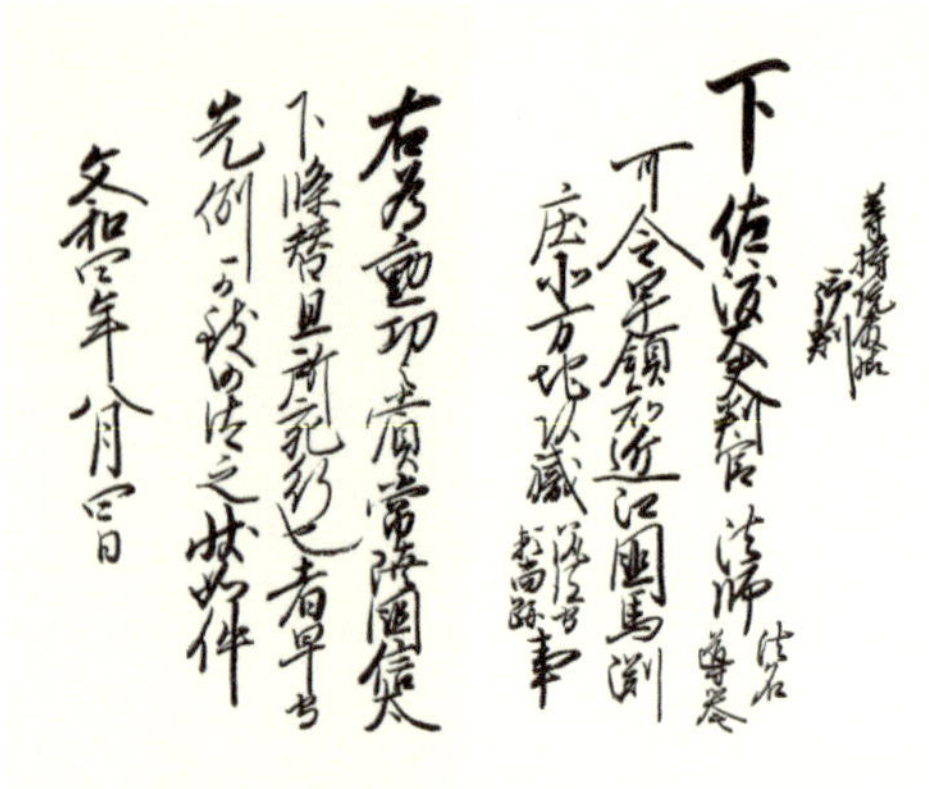
下 佐渡大夫判官入道 法名導誉
可令早領知近江国馬渕
庄北方地頭職 事
右為勲功之賞常陸国信太
下條替且所充行也者早守
先例可致沙汰之状如件
文和四年八月四日

「佐々木文書」文和4年8月4日足利尊氏袖判下文
（東京大学史料編纂所所蔵影写本）

のとみなすことができるならば、尊氏はいまだ将軍職にあった文和四年（一三五五）の段階で恩賞地をあてがう権限の行使を終えたことになる。

他方、義詮はどうか。すでに述べたように義詮の恩賞給付の袖判下文は、観応二年正月二〇日付（「久下文書」）を初見として観応年間に多く発給されるが、その傾向は続く文和・延文年間に入ってもそのまま継続する（終見は貞治六年九月一五日付）。ただし尊氏が右述のように文和四年でもって袖判下文の発給を終えると、それ以降は義詮の専掌となる。

このうち観応二年一一月から文和二年九月までの約二年間、留守を預かった義詮は、幕府の周辺を政治的に安定させる必要から多くの袖判下文を出している。いわば義詮の袖判下文は結果的に尊氏不在の幕府の安定的運営を支え、ひいては尊氏の関東平定・統治を実現させるうえで大きな役割を果たしたとみるべきであり、次代将軍の地位を担う義詮の登場を全国的にアピールする効果も随伴したと考えられる。

足利義詮の袖判下文で注意されるいま一つは、先に少しふれたように、実例としては観応三年―延文四年に限られるが、所領の安堵を内容とするものがいくつか残存することである（例えば「大友家文書」観応三年九月二二日付、『神奈川県史資料編3』三七六頁、「島津家文書」延文元年八月六日付二通、『東京大学史料編纂所影印叢書1　島津家文書』七七―九頁など。尊氏にも文和二年七月一三日袖判下文〈早稲田大学図書館所蔵「赤堀文書」、『大日本史料六編一八』二二二頁〉のような安堵の事例がごく稀にみられる）。下文による安堵は二頭政治期の足利直義にみられたことは前述したが（本書一六三、一六八頁）、このことは義詮と直義との職務権限上の関係性を考えるうえでみすごせない。

なお守護権力の飛躍的な強化をもたらした一連の「半済令《はんぜいれい》」の初発はこうしたときに義詮によって発布された。著名な観応三年七月のいわゆる「観応の半済令」である（岩波書店『中世法制史料集二』二八頁）。そもそも「半済」とは年貢等の半納＝半免の意であり、荘園領主にとっては経済的困窮の原因となったが（五九頁で引用した『建内記』の記事参照）、「半済令」とはその半納分を守護が軍費として取得することを公的に許可する法令である。観応の半済令とは簡単にいえば、近江・美濃・尾張《おわり》三ヵ国の寺社本所領の年貢半分を一年間に限り守護が兵糧米として徴収することを認めたものであるが、尊氏京都不在の観応三年七月に留守を預かる義詮によって発されたのであるから、観応の半済令も義詮袖判下文と同様の政治的目的のもとに登場したものとみなすことができる。

このようにみると、袖判下文の発給の権限は観応二年以降は義詮にも与えられ、少なくとも文和四年までは尊氏・義詮父子による分掌の形をとったが、同年後半以降は義詮が専掌したことになる。このことは、恩賞のあてがいという将軍権力の核心部分が義詮に移ったわけであるから、実質的な将軍の地位と権力が尊氏から義詮に委譲されたことを意味している。将軍尊氏が固守してきた袖判下文の発給権はこうして将軍職見習い時代の義詮のもとに帰し、将軍権力の委譲は義詮の将軍就任をまつまでもなく、すでに尊氏の生前にスムーズに完了したと考えることができる。

（2）足利義詮裁許下知状

訴訟の判決書としての義詮裁許下知状については、第四章三節「文書にみる観応の擾乱」のなかの「義詮の発給文書」の項ですでにその概要について述べたが、義詮の裁許下知状は観応の擾乱以降にもいくつか残存するので、ここでも必要最低限の範囲で触れておくことにする。

そもそも裁許下知状は二頭政治が始まる暦応元年（一三三八）以降、直義一人が独占的に発給してきた文書で、その失脚とともに貞和五年閏《うるう》六月を最後に消滅するが、観応元年（一三五〇）三月より今度は発給主体を変えて義詮の裁許下知状が登場し始め、延文元年（一三五六）一〇月の終見事例までの、全九点が現在知られているということをすでに述べた。

この九点の足利義詮裁許下知状のうち観応の擾乱以降に属するものは、①観応三年九月一一日付（「東寺百合文書」、『大日本史料六編一七』二三三頁）、②文和元年一一月一五日付（「離宮八幡宮文書」同二二四頁）、③延文元年六月一九日付（「冷泉家文書」『冷泉家古文書』一九九頁）、④延文元年一〇月一九日付（「東寺文書」、『大日本史料六編二〇』八八二頁）、の全四点である。総じていえることは、残存点数としてはさほど多くないこと、四点ともに時期的には尊氏の生前に出ていることである（義詮の治世下ではない）。

このようにみてくると、裁許下知状を二頭政治時代の残滓《ざんし》とみなすことは不可能ではない。さらに一歩すすめて考えると、義詮裁許下知状とは二頭政治を担った尊氏との関係性のなかで、直義の裁判権を引き継いだ義詮が残した前代の遺物とみることができ、新たな義詮の時代の到来とともに後景に退く運命にあったとみてよい。

これにかわったのは、義詮の執政とともに本格化したいわゆる簡易裁判である。簡易裁判の判決は義詮の御教書《みぎようしよ》によって出されるから、そのことについてはこのあとの（3）御教書で述べることとする。

（3）足利尊氏・義詮御教書

御教書は種々の用途に使われるので、ここでは将軍権力に直接・間接に関係があると思われる用途に限って検討することとしたい。

①所務沙汰（所領訴訟）の裁許とその遵行――足利義詮御教書

父尊氏の庇護《ひご》を受けつつ、次代の将軍予定者として幕府内にその地位を固めつつあった義詮は、従来の幕府の所務関係の訴訟制度（鎌倉時代以来の引付方での審理を基盤とする）に独自の改変を加えた。むろん将軍権力の拡大・確立を目指す方向での改変であって、これまで二元化していた将軍権力を自らのもとに一元化することに成功を収めつつあった義詮にとって、それは決して不可能なことではなかった。

その新しい方式について佐藤進一は、「義詮自身が判決をおこなう特別訴訟手続き」と規定し、

特別訴訟手続きというのは一種の簡易裁判であって、所領を押領されたという訴訟についていては、引付に訴えずに直接義詮のもとに訴える。義詮は引付のような三問三答《さんもんさんとう》手続きを省略して、ただちに押領人に押領地返還命令を発する。被告はただちにこれに服さなければならず、もし異議があれば、かれ自身が原告となって、この土地は本来自分のものだという訴訟を提起しなければならぬ。

と解説を加えた。その上で「庄園領主を保護し、守護以下の武士を押えることによって将軍権力を確立する」ことを目標とした裁判制度の改革だったと評価している（『南北朝の動乱』中公文庫、二〇〇五年一月、三五六―七頁）。

佐藤のこの見解は、師にあたる法制史家石井良助の「特別訴訟手続」（『中世武家不動産訴訟法の研究』弘文堂書房、一九三八年一二月、五二一—八頁）の考え方をふまえたもので、これによって、直義型裁許下知状が消滅し、これに代わる義詮御教書が新たな装いで登場してくる筋道を歴史的文脈のなかで理解することが可能となった。

右で述べたように、新しい訴訟手続きにのっとって提起された所務沙汰《さた》が義詮によって裁許され、その内容の遵行＝強制執行（沙汰付《さたしつけ》・沙汰居《さたしすえ》）を命ずる義詮御教書が係争地の属する守護あてに発給されるようになる。その義詮御教書は、文和・延文・貞治年間をまつまでもなく、すでに観応二年には多くの残存事例が認められるので、新方式への切り替えは義詮の幕政参画ののち、さほど時間をおかない時期に実施されたものと推察される。

②守護職の補任

次は守護職の補任《ぶにん》である。尊氏と直義による二頭政治期には守護職の補任権は将軍に握られており、いかに権勢を有する執政とはいえ直義はこれに関与することはできなかった。では義詮が貞和五年一〇月に上洛《じょうらく》し、直義を追放して尊氏と共同統治にあたったあとはどうなったのであろうか。このことを知るためには、尊氏と義詮の発給文書のなかから守護職補任を内容とするものを集めて編年に並べるのが最も効果的である。以下にその結論を簡略に述べることにする。

観応の擾乱以降の守護職補任の最も早い事例は、今川範国《いまがわのりくに》を「駿河国々務幷守護職」に補する文和二年（一三五三）八月一一日足利尊氏御判御教書（広島大学所蔵「今川家古文章写」、『南北朝遺文　関東編四』二四八五号）である。ただしこの文書は写であり、しかも花押を欠くので、尊氏のものと断定することはできない。そこで「等持院殿」（尊氏）との注記を信頼してこの文書を尊氏のものとみなせば、この段階で尊氏が守護補任権を持っていたことの根拠となる。

右の尊氏の例のすぐ次にくるのが、佐々木導誉を上総国守護に補する文和四年（一三五五）五月八日足利義詮御教書（「佐々木文書」、同二六四九号）であり、これも写で、義詮とみる根拠は署判「御判」の肩に「ほうけういん殿様」（宝篋院殿＝義詮）と書かれた傍注である。これも確定的ではないけれども、そのようにみなすことができるならば、文和四年には義詮が守護補任を行ったと考えることができる。

ちなみに、そのすぐ次にくる、細川頼有を備後守護に補任する文和五年三月一〇日付の足利義詮御教書（「肥後細川家文書」、『南北朝遺文　中国・四国編三』二八〇八号、『永青文庫叢書　細川家文書』中世編に写真あり）はその花押によって義詮のものであることが確実である。以降、佐々木導誉をもとの如く出雲守護に補する貞治五年八月一〇日足利義詮御判御教書（「佐々木文書」、『南北朝遺文　中国・四国編四』三四七七号）まで継続して義詮の事例が全部で十余例ほど続いている。

要するに、守護職の補任権は、観応の擾乱以降しばらく尊氏が専掌したが、遅くとも文和四年以降は次代の将軍継承予定の義詮に移行していたものとみられる（ここで前述した尊氏の袖判下文の最後が文和四年であったことが想起される）。

③官途の推挙

では北朝への官途の推挙権はどうであろうか。二頭政治期にあっては、直義が「成功《じょうごう》」（売官の一つ）という限定つきでこの権限を行使していた。

直義以降の官途推挙については、尊氏と義詮の両人が個々に発給したものが残存している。このうち尊氏については、確実なところでは、観応二年正月二四日（『入江文書』、田原貞広官途書出〈豊前守〉の袖に尊氏の証判）から文和二年（一三五三）九月九日（「蠹簡集残編」、『南北朝遺文 中国・四国編三』二五一一号、尊氏御判御教書。設楽十郎を「靫負尉《ゆげい》」に推挙）まで全一七例ほどみえ、以降は認められない。

他方義詮についてみると、観応二年二月一五日（「東北大学図書館蔵 米原文書」。大槻光秀官途申状〈蔵人〉の袖に義詮の証判）から、貞治四年一二月二七日（『師守記』同六年八月三〇日条裏書、義詮御判御教書。三善康冬を権少外記に推挙）まで全十余例認められる。

つまり総じていえば、すでに観応二年の段階より尊氏のものと、義詮のものとが混在している。推挙の仕方には時期的にも文書様式にも傾向があり、それが一様に行われたものではないことが知られるが、おおざっぱにいうと、尊氏終見の文和二年までに限れば、残存実例では義詮より尊氏のものが多い。

このようにみると、官途の推挙は観応二年より尊氏と義詮両人によってなされたが、尊氏は文和二年ころにはそれをやめ、以降は義詮の専権となった模様である。だいたい文和三年前後の時期に尊氏は義詮へ将軍権力の譲渡を行っており、官途推挙権もほぼ同じ時期に移譲されたものとみられる。

ちなみに、『鹿児島県史料 旧記雑録二』八八八頁におさめる延文元年一二月三日御教書は島津師久《もろひさ》の叙留所望を公家《くげ》に挙申するものであるが、筆者は挙申者の「御判」を義詮と判断したし、また『冷泉家古文書』(朝日新聞社刊)に収める(貞治五年)一一月一六日付の、冷泉為秀《ためひで》を中納言に推薦する義詮書状(本書二二七頁)は形式的にみて御教書ではない。

④所領の安堵

二頭政治期にあっては、御家人武士の所領安堵はもっぱら足利直義が下文をもってこれを行ったことを前述した。では二頭政治の破綻以降においてはどうであろうか。

史料の残存状況に即しておおまかにいうと、尊氏が御判御教書によって御家人武士領の安堵を行った確実な例はほとんどなく、寺社を対象とした所領安堵も含めてもっぱら義詮が御教書によってこれを行ったものとみられる。ただ文和から延文にかけての時期には関係史料がほとんどみられないのは何らかの理由によるか。ちなみに、義詮が袖判下文によって所領の安堵を行った事例が観応三—延文四年の間にわずかながらみられることはすでに述べた。

尊氏の関東下向

前述したように旧鎌倉幕府の支持基盤であった関東地方の鎮撫《ちんぶ》には鎌倉府がおかれ、その長官の鎌倉公方《くぼう》（この名辞は後代の造語。史料表現としては武家伝奏広橋兼宣《ひろはしかねのぶ》の日記『兼宣公記』応永《おうえい》三〇年〈一四二三〉八月一八日条で足利持氏《もちうじ》を「関東探題」と称したのが初見）には足利基氏《もとうじ》が兄義詮と入れ替わる形で就任した。基氏が京都を出立したのは貞和五年九月のことで、当時、京都の幕府の内紛（観応の擾乱）が関東の政治状況に直接的な影響を及ぼしていた。

すでに鎌倉公方の補佐役たる鎌倉府執事には、尊氏派の高重茂《しげもち》と直義派の上杉憲顕《のりあき》とがいた。対抗関係にある二巨頭の息のかかった二人の執事の補佐のうえに幼年の鎌倉公方基氏が支えられていたわけであるから、基氏が独自の政治志向をあらわすのは難しかったろう。鎌倉は当時直義の勢力下にあったとみられ、基氏の命を奉ずる形で執事としての活動を展開していたのは憲顕の方だった。他方の高重茂の活動は低調である。鎌倉がもともと直義の本拠というべき土地柄であることにもよろう。

こののちもしばらくの間、京都を中心に両勢力間で勝ったり負けたりの抗争が絶えず、その影響はただちに関東に影響するという事態が続くが、鎌倉府の制度と関東地方の政治・軍事状況を大きく変えたのは、文和元年（観応三、一三五二）正月から同二年八月までの一年半におよぶ将軍尊氏の鎌倉滞在であった。尊氏は観応二年八月初めに京都を出走し越前を経て鎌倉に逃れた直義を追って東下し、鎌倉制圧に成功したのである。文和元年二月には直義が抹殺された。

尊氏はこの鎌倉滞在中に、鎌倉府執事を一時的に廃止して自ら東国支配を直接的に行うなど、鎌倉府の抜本的な立て直しを試み、そのため思い切った措置を講じている。鎌倉公方基氏はすでに観応二年正月五日には一二歳で花押使用始めの儀式＝判始《はんはじめ》を行い、自判の文書を出せる状況にはあったが、尊氏は基氏に対してさらなるいくつかの儀礼的措置をとった。ひとつは、文和元年二月二五日の元服の儀式（『鎌倉大日記』。時に基氏一三歳）、もうひとつは、同年八月二九日に左馬頭・従五位下に叙任させたことである（『園太暦』同日条）。いずれも鎌倉府の運営を担うべき重大な任務を背負った基氏に対する父尊氏の政治的措置であることは間違いない。こうした父親の采配《さいはい》よろしきを得て、関東支配の基礎と権限を拡充させた基氏は、行政府としての鎌倉府の運営を軌道に乗せることに成功する。延文四年（一三五九）正月二六日、基氏は左馬頭から左兵衛督に昇進する。尊氏没の翌年のことである。

将軍権力の一元化

右に見たように、尊氏の義詮への将軍権力譲渡はまことに用意周到にして手際のよいものであった。尊氏が鎌倉に出向いて、観応の擾乱の余波を強く被っていた鎌倉府を自らの手によって梃入《てこい》れし、室町幕府の関東支配の強化をはかったのも、やがて将軍職を継承する義詮に対する置き土産であったろう。

すでに二〇代前半の青壮年の域に達していた義詮は、こうした父将軍の庇護・後援のおかげで、これまで二元化していた将軍権力の一元化を達成し、これによって将軍親裁権の格段の強化に成功するのである。実質的な将軍権力の移行の時点がおおよそ文和三—四年であったことは、すでにみた恩賞地給付の袖判下文や守護職補任・官途推挙の御教書の残存のぐあいによってうかがい知られるところである。

義詮が将軍宣下を受けて正式に将軍職に就くのは、尊氏が没して約七ヵ月がたったのちの、延文三年（一三五八）一二月八日のことである。時に義詮二九歳。翌年二月には武蔵守に任ぜられ、貞治二年（一三六三）正月中納言を飛び越して権大納言に昇進した。

義詮の発給した文書も尊氏同様に多数にのぼる。筆者は現時点で貞和四年（一三四八）九月のものから貞治六年（一三六七）一一月のものまで、総数一〇七〇点ほどを収集している。参考までにいえば、このうち将軍就任の時点以降のものは約四〇〇点である。九年間の将軍在任期間にこれだけの文書を残したことになる。

概して初代に比べて二代目というのは影が薄い。華々しく活動した初代尊氏に比して二代目義詮はその陰に隠れてしまっているようである。尊氏を高く持ち上げる『梅松論』のような史料もない。しかし義詮の評伝については、かろうじて『太平記巻四〇』の義詮の死去を述べるくだりに以下のような記述がある。

同(貞治六年) 十二月七日子刻ニ、御年卅八ニシテ忽ニ薨逝シ給ニケリ。天下久シク武将(義詮)ノ掌ニ入リテ、恩ヲ戴キ徳ヲ慕フ者、幾千万ト云フ事ヲ識《し》ラズ。歎キ悲シミケレ共、ソノ甲斐更ニ無リケリ。左手《さて》有ルベキニ非ズトテ、泣々、喪礼ノ儀式ヲ取リ営ミ、衣笠山ノ麓等持院ニ遷シ奉リ、……

義詮が貞治六年一二月七日に三八歳で没したとき、長く天下を治めた義詮に対してその恩に謝し徳を慕う多くの者たちが歎き悲しんだというのであるから、多少の文飾や誇張があるにせよ、義詮の強大な権勢と好ましい人柄とを読み取ることは困難ではない。初代尊氏から義詮を経て三代義満《よしみつ》にいたる室町幕府の将軍権力の展開過程を段階的にみるとき、義詮の代で将軍権力が飛躍的に高まることがうかがわれるので、義詮を過小評価することは到底できない。

今ひとつ、『太平記』の貴重な義詮評を記しておこう。それは『太平記巻三七』が、細《ほそ》川清氏《かわきようじ》のあとの執事職選任にからんで「宰相中将(義詮)殿ハ人ノ申ス事ニ付キ安キ人ニテヲハシケレハ」と評していることである。ここにいう「人ノ中ス事ニ付キ安キ人」とは、ひとの口車に乗りやすい人というくらいの意味であろう。

では次に、その義詮の時期の将軍権力の中味を発給文書を通して、具体的にみることにしよう。義詮は、将軍就任以降その没までの正味九年間に約四〇〇点の文書を残したと前述したが、それらの文書は義詮の将軍権力のありようを直接的に物語っている。

二　足利義詮の発給文書

足利義詮袖判下文

これまで述べてきたように、将軍権力を端的に表現する文書形式は、新恩給付を用途とする袖判下文であることはいうまでもない。そこで延文三年（一三五八）四月の尊氏死去後の、義詮袖判下文の発給状況を概観しておこう。

結論から先にいえば、この年末の十二月八日二九歳で将軍職に就任した義詮が貞治六年（一三六七）一二月七日三八歳で没するまでの約一〇年の間に発給した袖判下文として、筆者は、延文四年四月二〇日付（「長門平賀文書」、『南北朝遺文　中国・四国編三』三〇一一号）を初見とし、貞治六年九月一五日付（「前田家所蔵文書」、『大日本史料六編二八』四四五頁）

を終見とする、約二〇点を収集することができた。この数は筆者が収集した義詮袖判下文全体のなかで約三割をしめる。

むろん義詮は、この間、独占的に袖判下文を発給する権限を行使しており、他の者がこれを発給した所見はなく、その意味では尊氏没後、袖判下文の発給権は将軍たる義詮によって専掌されたとみてよい。それはまた同時に義詮の将軍親裁権が格段に強化されたことを物語っている。

とはいえ尊氏と比較したとき、義詮袖判下文の残存数ははるかに少ないといわねばならない。むろん生存期間や将軍在職期間に差のあることは明らかであるが、それを考慮に入れても、義詮の袖判下文の残存数は尊氏に比べてかなり少ないのは事実である（将軍在職期間の年平均で比較するとおよそ二対一）。

足利義詮御判御教書

義詮の発給文書の中で最も多いのは御教書である。義詮は右と同様に約一〇年に及ぶ執政期間に、延文三年六月二九日付（「多田院文書」、『大日本史料六編二二』九二二頁）を初見として、貞治六年一一月一八日付（「本郷文書」、『大日本史料六編二八』五五二頁）を終見とする、約三〇〇点を収集した（この数は義詮の御教書全部のなかで五割弱をしめる）。これらのうち延文三年一二月の将軍就任以降のものは、敬意を表して御判御教書と称すべきであろう。

すでに本章の第一節「将軍権力の移行と一元化」で、父尊氏の場合と比較検討しつつ述べたように、義詮は、所領裁判の判決と遵行命令を一緒にしたような内容の御教書（それは新しく登場したもので、将軍権力強化の産物である）のほか、守護職補任や官途推挙のための御教書、さらに官寺たる諸山の列次や寺院の住持職任命に関わる御教書を残している。

こうした多方面にわたる極めて重要な案件を、系譜的には私文書の系統をひく御教書でもって積極的に扱っている義詮には、尊氏とは違った新しいタイプの将軍像をみてとるべきであろう。簡単にいえば、それは将軍権力が増強された結果に他ならない。二頭政治期に二元化していた将軍権力はこうして一元化され、将軍個人は幕府の強力な牽引車《けんいんしゃ》としての役割を果たすことのできる本来の立ち位置に立ち返ったということができる。

三　公武統一政権への展望

室町幕府と北朝との関係

鎌倉時代はむろん、南北朝時代においても、公家政権＝朝廷は自らの力で対応できないことについては武家政権＝幕府の力を借りることによって、政治体制としての体裁を整えた。当時「勅裁」と呼ばれた王朝の裁許のうち強制執行を必要とするものについては、幕府の執行システムにのせることによって実行された。動乱の時代にあっては、武力を持たない公家政権がこうした形での公武間の連絡交渉を通して、逆に武力を特性とする武家政権に対する依存体質を次第に深めていったことはいうまでもない。

こうした日常政務面での公武間の連絡交渉は、公武両政権の融合にとっての下地となることがらであるから、その仕組みと実態について必要最低限の範囲で述べておこう。

公家政権の裁許を幕府の執行システムにのせて強制執行された案件については、三種類の関係文書が残ることになる。一つめは、裁許内容を記した勅裁たる、①綸旨《りんじ》・院宣である。二つめは、公家側の正式な窓口である「武家執奏」（鎌倉時代の「関東申次《かんとうもうしつぎ》」の後身。西園寺《さいおんじ》家当主の世襲）が幕府に向けて発する、②武家執奏施行状《しぎょうじょう》である。そして三つめは、これを受理した幕府が、勅裁を執行するために係争地の所属する国の守護に対して発する、③武家施行状である。

この三種類の文書のうちの一点でも残存しておれば、そのような公武間の交渉の存在が想定される。実際に関係史料を収集してみると、こうした形での公武間交渉が日常的になされていたことがわかり、公武はその政権としての基本的な側面において補完関係にあったことが知られる。

ここでは尊氏だけに即して述べておこう。尊氏の生存期間についてみれば、将軍就任以前の建武四年（一三三七）九月から没前年の延文二（一三五七）九月までの二〇年間に四

○組ほどの残存例を認めることができるが、このうち②の宛先では尊氏に宛てたものは一点もなく、最初は執事高師直、二頭政治開始からは足利直義（残存例では貞和二年が最初）、直義の失脚後は直ちに足利義詮に宛てられている（残存例では文和二年が最初）。

つまり尊氏には②の勅裁が宛てられた事例は生涯を通じて一点もないということになる。このことはただちに尊氏が幕府政治の埒外《らちがい》にいたことを意味するわけではない。当初尊氏の執事師直が窓口になったのは執事の職務柄当然のことであったろうし、二頭政治の期間（筆者は暦応元年―貞和五年と考える）には政務の権を直義に委任していたので尊氏が政治のおもてに出ることはなかったであろう。むしろ尊氏は政務を超越した立場にいたとみるべきであろう。

もう一つ留意すべきは、後継者義詮の立場である。義詮が直義失脚以降からその死去までの間継続して②の宛先になっていることは、義詮が直義の政務の権をそのまま引き継いだことの証拠にもなる。つまり義詮は、尊氏のように政務を別人に委任する必要もなかったので、これを自らの権限として手中に収めたのである。ここに将軍権力の二元性はひとまず解消されたとみてよい。逆に尊氏からみれば、観応の擾乱で直義が失脚して以降は、どちらかといえば義詮の後見的な立場に立っていたものと思われる。

なお、右で公家政権から武家政権への申し入れについてみたが、逆方向の申し入れ、つまり武家政権が公家政権に何か申し入れる場合は、幕府の使者を武家執奏に派遣して申し入れをする「武家申詞《ぶけもうしことば》」などの方法を通して、さまざまの口入を行った形跡がある。ここでいちいち詳しくは述べないが、天皇関係では践祚《せんそ》・即位・改元など、公家・寺社関係では所領訴訟・人事任官など、さらに勅撰《ちょくせん》集の撰集を含めて、いろいろな方面にわたって幕府はもともと公家の専管事項に介入している。むろんそれらは一時になされたものではなく、長い公武関係のなかで当然生まれてくる必然的な現象であった。

公武社会をつなぐもの——文芸の政治的役割

いまひとつ、幕府と北朝とをつなぐ役割をもつ文芸について、将軍による公家の官職推挙を通してふれておこう。こうした例では、尊氏の代に飛鳥井《あすかい》雅孝《まさたか》を権中納言に推挙した例（『園太暦』康永四年〈一三四五〉八月二四、二六日条）、葉室長顕を権中納言に推挙した例（同、文和四年〈一三五五〉一二月二八日条）、および義詮の代の貞治五年（一三六六）に冷泉為秀を権中納言に推挙した例などがある。以下に述べるのは、そのうちの義詮の例である。

『冷泉家時雨亭叢書　冷泉家古文書』（朝日新聞社、一九九三年六月、三八四頁）には以下のような義詮書状（同書での文書名は足利義詮御内書）の写真版が収まっている。文書形式が御教書ではなく書状である点も見逃せない。

為秀(冷泉)卿中納言所望事、無相違之様、中御沙汰候乎、以此旨、可有御披露候、恐々謹言、

十一月十六日(貞治五年)　義詮(足利)（花押）

人々御中

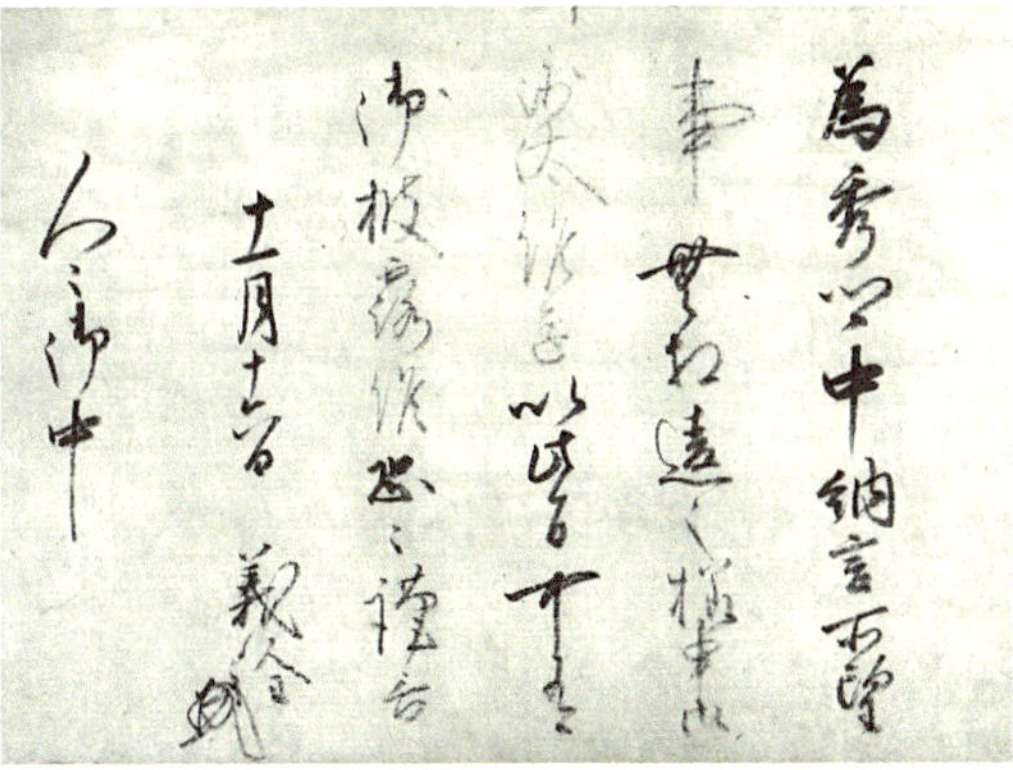

「冷泉家文書」［貞治５年］11 月 16 日足利義詮書状（冷泉家時雨亭文庫所蔵）

右の文書は、将軍義詮が自らの歌道師範にあたる冷泉為秀を中納言に推挙する書状であるが、このときの義詮の書状による推挙の効果は覿面《てきめん》であった。翌一二月七日の夜には除目《じもく》が催され、冷泉為秀は早速権中納言に昇進している。中世社会では歌道という文芸が、政治の世界へのかけはしの役割を果たしていることをよく教えてくれる（「吉田家日次記」、『大日本史料六編二七』五九二頁）。為秀にとっては前参議からの特進であった（『公卿補任二』）。

この事例から知られることは、和歌という文芸を通した武家と公家の政治的な結合関係もさることながら、義詮の持つ公家世界への影響力

の大きさである。この義詮の権勢のもとに多くの公家たちが群がったことは容易に想像することができるし、またそういう関係を通して将軍の権力は公家社会に強く浸透していったに相違ない。とくに義詮は『太平記巻四〇』に「征夷将軍（義詮）モ此道（和歌の道）ニ数寄《すき》給フ事ナレバ」とみえるように和歌好尚の性格であったから、歌道を家職とする公家にとって義詮は家門繁栄のための絶好の支援者であったとみてよい。

ちなみに、貞治六年四月一三日に行われた除目の聞書《ききがき》では、冒頭に権大納言に昇進した一条実材の名がみえる。彼の名に懸けられた注記には「依武家挙、被任之」とあり、この昇進が足利義詮の推挙によったことがわかる。また同時に「武家非儀、此卿大幸也」の文字もみえ、この推挙が常規を逸脱するものであったこと、一条実材にとっては大きな幸せであったことが皮肉まじりに評されている（『後愚昧記《ごぐまいき》』同日条）。

管領制度の成立

室町幕府の確立の道筋を官制の側面からみるとき、その核心的な位置にあるのが管領の制度である。管領の制度は将軍権力の向上と安定化に大きく貢献したといえる。

管領とは、もともと「武家の政務を管領すること」という意味の普通名詞であった。それがだんだん職名化してきて、幕府の政務を統括するという役職名になったというわけである。こういう事例は他にも多くあり、別に珍しいことではない。管領の前身が将軍家の執事であったことも推測に難くない。京都の幕府の将軍執事が管領と呼ばれるのと連動して、鎌倉府の執事が関東管領と呼ばれるようになったのも不自然なことではない。

執事から管領への昇格は当然幕府の職務内容の変化をともなった。管領とは、将軍家の執事と幕府の政務の長官との仕事を兼ねたような役職と考えられている。この管領制度の成立の背景には、観応の擾乱以降目立ってくる守護権力の拡大という時代の特性があった。幕府は、守護権力の増強と幕府将軍の親裁権拡張という本来相反する二つの志向性を止揚する職制的装置として管領の制度を考案したものと考えられる。

管領に選任される条件は、有力守護たちのなかの代表格であること、もうひとつは将軍の信頼を得ていることであった。つまり将軍はこうした最有力守護を管領に任命し、政務の長官としての任務を与えることによって、守護たちの意見を一定程度吸い上げることができたし、同時に管領を通じて守護たちを結束させ分裂抗争を抑止することができたわけである。

守護たちの支持と将軍の信頼、この二つのうちの一つ、もしくは双方を失えば管領は更迭された。歴代管領の交替史をひもとくと、いかに両立が難しかったかが知られる。将軍は守護たちの不平不満を管領に吸い取らせることによって彼を罷免し、将軍権力を無傷で保持することができたのである。

この管領は幕府執事の性格も引き継いだので、執事が将軍の命令をうけて執事奉書を発したように、管領もまた同様に管領奉書を発給した。そうなると守護たちには、最有力の守護が将軍に臣従・奉仕している様子が可視化され、将軍を中心とした幕府支配組織の拡充のためには極めて効果的であったろう。そこが管領制度の狙いどころであった。

こうした管領制度を媒介とした幕府の秩序づくりにことに熱心だったのが、義詮の没後幼将軍義満の補佐を依託された細川頼之《よりゆき》であった。室町幕府の管領制度はこの細川頼之の管領時代（おおよそ応安《おうあん》年間）に完成すると筆者はみている。義満の将軍在職期に、義満の意を受けて出された管領頼之の奉書は、実に多く残存している。

幼将軍足利義満を補佐する頼之の役目は、一言でいうと将軍職の代行であった。頼之はけっして幼主義満をないがしろにはしなかった。義満が幼少で判始前の身であろうと、頼之は幕府の主帥義満の立場をこのうえもなく尊重した。朝廷から幕府に宛てられる文書はきちんと義満に宛てられる方式になっていた。頼之にとって幕府を代表するのは、将軍代行たる自分ではなくて、あくまで義満だったのである。管領頼之は幼将軍義満をその成長までの間しっかりと補佐し、幕府政治の仕組みを整え、もって強固な支配のシステムを築きあげたのである。

公武統一への足がかり

義詮の文字どおりの執政時代というべき貞治年間（一三六二—六八）は、幕府内の勢力地図が大きく塗り替えられた時期であった。

貞治元年七月に元執事細川清氏が敗死、同年九月には鎌倉公方足利基氏に敗れて元関東管領畠山国清《はたけやまくにきよ》が逃走、さらに翌二年春には山陽の雄大内弘世《おおうちひろよ》が、そして同年九月には山陰の雄山名時氏が幕府に復帰した。加えて貞治五年八月には幕府に抵抗していた越前の斯波《しば》高経《たかつね》が没落、翌年病死。その子息義将《よしゆき》はまもなく幕府に帰順した。しばらく南朝方として動いていた仁木義長も貞治末年には幕府への復帰を済ませていた。日本列島の政治情勢は幕府支配の安定化の方向へと大きく舵《かじ》が切られたのである。

こういう歴史的な状況のなかで、南北朝の合体、ひいては公武の統一という室町幕府にとっては最大の政治的課題の実現が俎上《そじょう》にのぼってくる。しかし事実としては、南北両朝の合体は、三代将軍足利義満の治世の明徳《めいとく》三年（一三九二）閏一〇月のことで、さらに公武の本格的な統一となると、もうすこし先の日明《にちみん》貿易の開始（応永八年〈一四〇一〉遣使）のころまで下るので、おおざっぱにいうと、その前段にあたる義詮の執政時代はそこに到達するための足がかりを築いた期間だということになる。

以下では、義詮による基本的な政治姿勢の性格を考えるためのよすがとして、公武統一にむけての南北両朝合体への試み、それに対外関係への深い関心をうかがわせる貞治六年の高麗牒使《こうらいちょうし》への対応、の二つのことがらをとりあげてみたい。

南北朝が分立したのは建武三年（一三三六）一二月のことである。両朝の対立は不都合とみなす向きも根強く、両陣営の間で合体のための試みが度々なされたが、しかし時期が熟さなかったのか妥結をみることはなかった。

あらゆる機会をとらえて幾度となく行われた合体交渉のなかで、いま一歩という段階にまで到達したケースは、貞治六年（一三六七）四月のそれである。このときの南北講和の交渉については、明法官人中原師守の『師守記』や北朝公家三条公忠《さんじょうきんただ》の『後愚昧記』などの日記の記事によって、その概要を知ることができる（『大日本史料六編二七』一〇五二―五頁）。

それによると、この度の講和交渉は、北側陣営では幕府の重鎮佐々木導誉、そして南側陣営では南朝の驍将《ぎょうしょう》楠木正儀《まさのり》（正成の次男。正行の舎弟）という二人の平和主義者と目される立役者によって主導された。それだけに妥結の目前まで行ったものの、最終的場面で決裂した。南朝の後村上天皇の綸旨のなかに「降参」の文字が使われていて、この表現が義詮の勘気にふれたのである。このとき導誉は義詮から「突鼻《とつび》」（譴責《けんせき》）された。そのいきさつには微妙なところもあるが、なぜ義詮が導誉を譴責したかという理由を考えるとき、義詮の合体への強い期待が裏切られたためである可能性も捨てきれない。

もうひとつは高麗牒使への対応である。とくに北朝公家近衛《このえ》道嗣《みちつぐ》の『愚管記』や先の『後愚昧記』の記すところである（『大日本史料六編二八』四四―七〇、一二四―六頁）。貞治六年五月、高麗より倭寇《わこう》の海賊行為取締りを要請する使者が来朝したとき、北朝では倭寇への対応は無理として返牒（返事）をしないと結論したが、これに対して幕府は返牒を遣わすのみならず、高麗牒使に「種々の重宝」を持たせたうえで帰国させた。こうした義詮の高麗に対する友好的な態度は、のちの義満の中国・朝鮮、それに琉球を含んだ全方位外交を行うという積極進取な外交姿勢につながるものではあるまいか。

終　章　果たして尊氏は「逆賊」か

足利尊氏の死去

尊氏が北朝を樹立したのは建武三年（一三三六）八月のことであったが、幕府とともに山あり谷ありの起伏に満ちた長い苦難の歴史を共に歩んだ北朝は、尊氏が没する延文三年（一三五八）のころには、運命共同体というべき緊密な関係を幕府との間に取り結んでいたとみてよい。いまその尊氏が没する時の様子を『太平記』に探ってみよう。『太平記巻三三』は「将軍御逝去事」の段で、尊氏の死去を以下のように描写する。

延文三年四月廿日、征夷将軍尊氏卿ノ背ニ癰瘡（ようそう。できもの、はれもの）出テ、心地例ナラズ成給ケレバ、（中略）病日ニ随テ重シテ、同廿九日（卅の誤）夜半計ニ、年五十四ト申スニ、終ニ逝去シ給ケリ。去ラヌ別ノ悲シサヲ、惜ミ慕ヒ奉ルノミニ非ズ、角テハ天下ノ乱出来ヌベシトテ、世ノ人歎キ悲ム事限ナシ。（中略）哀哉、武将ニ備テ廿五年、向フ処ハ順ト云共、無明ノ敵ノ来ルヲバ防グニ其ノ兵ナシ。悲哉、天下ヲ収メテ六十余州、命ニ随フ者多シト雖モ、有為ノ境ヲ辞スルニハ伴ヒ行人モナシ、

尊氏は延文三年四月三〇日、五四歳の生涯を終えるが、文中の「去ラヌ別ノ悲シサヲ、

惜ミ慕ヒ奉ルノミニ非ズ」や「世ノ人歎キ悲ム事限ナシ」からわかるように、京都の人々は天下の乱を治めた尊氏の功績を偲《しの》び、おしなべて悲歎《ひたん》に暮れたものと思われる。このことは尊氏が京都の公家《くげ》社会にすっかり溶け込み、公武のみならず一般民衆の畏敬《いけい》を集めていた様子を物語っている。また「角テハ天下ノ乱出来ヌベシ」から知られるように、民衆は京都の町の治安維持の要《かなめ》としての幕府の役割を認めているのである。

足利尊氏墓（京都市北区・等持院内）

こういう状況のなかで北朝天皇と将軍との関係もまた当然緊密化する。『太平記』によると、この尊氏の死を悼んだ、ときの後光厳《ごこうごん》天皇は五〇日を過ぎたころ（六月三日）、尊氏に左大臣・従一位を追贈した。これに対して義詮は「宣旨ヲ啓《ひらい》テ三度礼セラレ、涙押テ」、次の歌を詠んで応《こた》えている。

帰ルベキ路シ無レバ位山　昇ルニ付テヌル、袖哉

この歌に感銘した後光厳天皇は、翌年四月撰集《せんじゅう》した『新千載和歌集』の哀傷歌に入れた。同和歌集をみると、「父身まかりて後、左大臣・従一位おくられ侍りし宣命位記などをみてよめる」との詞書《ことばがき》が付された義

詮の右の和歌が収められている（『新編国歌大観一』角川書店、六四六頁、二二九二号。少し異同あり）。こうした和歌を媒介とした義詮と後光厳との関係は、幕府と北朝とを結ぶ紐帯《ちゆうたい》ともいえるものであった。なお参考までに記しておくと、尊氏はずっとのちの百年忌にあたる康正《こうしよう》三年（一四五七）の四月二八日に、左大臣の上の太政大臣を贈られている（「柳営御伝」「足利家官位記」。ときの室町将軍は八代足利義政《よしまさ》）。

歴代の室町将軍の和歌は勅撰集に多く収録されているが、尊氏もその例に洩《も》れず、『続後拾遺和歌集』（嘉暦元年〈一三二六〉完成）から『新続古今和歌集』（永享《えいきよう》一一年〈一四三九〉完成）までの六種の勅撰集に総計八六首の和歌を収めている。そのなかで尊氏が自分の人生を振り返っての感慨を詠んだ歌と思われる一首が『風雅和歌集』（貞和五年〈一三四九〉二月頃完成）の釈教歌に入っている（『新編国歌大観一』角川書店、五九五頁、二〇四八号）。

前大納言尊氏

いそぢまでまよひきにけるはかなさよ　ただかりそめの草のいほりに

尊氏がこの歌をいつ詠んだかは不明である。尊氏の生年は嘉元三年（一三〇五）であるから、風雅集が成立した貞和五年には、尊氏は四五歳に達していた。右の歌のなかに「いそぢまで」とあるところからみると、歌自体が詠まれたのはこの時からさほど遡《さかのぼ》らない時期であったろう。となると、尊氏はこの歌をすでに述べた二頭政治の時代の終盤というべきころに詠んだこととなる。そういうとき尊氏の心の内は「いそぢ（五十路）までまよひ（迷い）きにけるはかなさよ」と表現されるような状況であったことを見逃してはならない。尊氏は五十路にいたってもなお悟りの境地に達してはいなかったのである。

果たして尊氏は「逆賊」か

最後に、「果たして尊氏は逆賊か」ということについて述べておこう。

尊氏をどう評価するかという尊氏論の歴史は、小川信による解説のごとく長くて変化に富んでいる（「足利尊氏——逆賊説と実情」、佐藤和彦編『論集 足利尊氏』東京堂出版、一九九一年九月。初出は一九七九年）。小川が説くように、そのなかでも江戸幕府の末期　文久《ぶんきゅう》三年（一八六三）二月二二日夜に起こった足利将軍木像梟首《きょうしゅ》事件は、学問的な裏づけを欠いた尊攘《そんじょう》激派による尊氏逆賊説の政治的表現であった。

序章の「南北朝正閏論」の項でふれるところのあった「読売新聞」明治四四年（一九一一）一月一九日付は、足利尊氏および弟直義を批判するとき「逆賊」なる言葉を使用した。この言葉は、楠木正成・正行、新田義貞・北畠親房・名和長年・菊池武時ら後醍醐天皇側の武将たちを「忠臣」と呼ぶのに対してのもので、先の梟首事件の背景にある主張と一脈のつながりが感じられる。

いま試みに「逆賊」と「忠臣」との意味内容をふつうに使用されている国語辞典で調べてみよう。まず「逆賊」については、「主君にそむく賊。謀叛人」（『角川 古語大辞典 第二巻』昭和五九年三月、一〇〇頁）や、「主君にそむいた賊徒。むほんを起こした悪人。逆敵」（小学館『日本国語大辞典 第二版 第四巻』二〇〇一年四月、二九三頁）などがあり、他方「忠臣」については、「主君のために、私を捨て誠意を尽して仕える臣下」（三省堂『時代別国語大辞典室町時代編四』二〇〇七年一一月、一一八七頁）や、「まごころを尽くして主君に仕える臣下。忠義の臣下。忠士」（小学館『日本国語大辞典 第二版 第八巻』二〇〇一年八月、一四六九頁）などがある。簡単にいうと、主君に楯《たて》ついた者が逆賊で、忠義を尽くした者が忠臣であることになる。

この「逆賊」「忠臣」に関わる問題であるが、昭和九年（一九三四）、斎藤実《さいとうまこと》内閣の商工大臣中島久萬吉《なかじまくまきち》が、「逆賊」尊氏を高く評価して大臣の椅子を失ったという事件のあったことは佐藤進一の紹介によって広く知られている（『南北朝の動乱』中公文庫、二〇〇五年一月、一二一―四頁）。政治問題化されたのは、昭和九年二月、大日本雄弁会講談社から発行された「現代」一五巻二号に掲載された中島久萬吉の「足利尊氏」という題の全四頁にすぎない小論である（指摘されているように、中島の尊氏論は独自のものではなく、辻善之助《つじぜんのすけ》の焼き直し）。

この中島の小論の中でその特徴的な論点をいくつか引いてみると、「余は偽りならず平素最も尊氏の人物に傾倒して居る者である」、「尊氏個人としては、其の心に於て尠からず此の政治的立場を不本意としたることは、争ひ難き史上の事実として認められる」、「足利時代といふものは、必ずしも世に傳ふる如き暗黒時代ではない」など、現在では至極ふつうに受け容れられる言説である。なぜこうした今では当たり前の言説が問題視されたかというと、佐藤の解説のように昭和九年という年のもつ独特の政治的・時代的な事情があった。後醍醐天皇中心史観からみると尊氏は「逆賊」ということになるが、そうした皇国史観という独特な歴史の見方から脱却した、現在の近代実証史学のもとにあっては、こうした発言は別に問題とはならない。尊氏逆賊説は狂信的な南朝正統論の落とし子であったとみてよい。

尊氏が後醍醐に対して抱いたのは、序章の「尊氏――後醍醐理解の前提」の項で述べたように、畏敬と追慕の念であったことは間違いない。そのことは尊氏の行動からも裏付けられる事実である。むろん両者が政治的、軍事的に対立する立場にたったのも事実である。しかし尊氏が後醍醐を追討や誅伐《ちゅうばつ》の対象としたことは史料的に裏付けられない。

そこで軍勢催促状における敵方指弾用の言葉に着目しよう。軍勢の催促者は味方を募るために敵軍を「凶徒」と指弾したうえで誅伐せよと命令するのが常であるが、尊氏（直義も）が発給した膨大な数の軍勢催促状をみると、尊氏が北朝という権威を背景にしつつも後醍醐を名指しして「凶徒」と指弾した実例はひとつもない。これはやはり尊氏の心のなかに後醍醐と敵対しているという意識がなかったからに他なるまい。

とはいえ後醍醐からみると対尊氏観は右と同様ではなかった。尊氏の名前がみえる後醍醐天皇綸旨《りんじ》を集めてみると、建武二年一一月二二日より「足利尊氏・同直義已下輩、有反逆之企、所被誅罰也」（「来島文書」、『南北朝遺文 九州編二』三三八号）との文言が出始め、翌三年（延元元）になると「尊氏・直義以下凶徒没落鎮西云々、相催一族幷薩摩国地頭以下軍勢、可被追討」（「阿蘇文書」、同五一四号）などの文言が登場し、表現の仕方はエスカレートしている。このことからみれば、後醍醐が尊氏・直義を「凶徒」とみているのは事実といわねばならない。ここでとりわけ注意すべきは、尊氏誅伐を命ずる後醍醐天皇綸旨における尊氏の表記はすべて「尊氏」となっており、「高氏」ではない点である（尊氏の「尊」字は後醍醐の偏諱《へんき》）。後醍醐のせめてもの配慮なのかもしれない。ちなみに延元元年（一三三六）一一月一二日、越前敦賀津に下った恒良親王（後醍醐天皇の皇子）が天皇として出したとみられる綸旨案には「高氏」とある（「結城家文書」、『白河市史 五』一四〇頁）。

こうした点を総合すれば、尊氏は後醍醐に対して明確な謀叛《むほん》を企《たくら》んだとはいえないので、尊氏に「逆賊」というレッテルを貼るのは歴史事実のうえからみても御門違《おかどちがい》といわねばなるまい。後醍醐と尊氏両人のお互いに対する認識の仕方が異なっていることが、両人の関係を正確に理解するのを妨げているのである。

おわりに

足利尊氏という武将は、南北朝の動乱を力強く生きた群像のなかで、もっとも中心的な役割を果たした人物である。南北朝時代の文化は現代につながる日本文化の原型とも評されるから、その南北朝時代の骨格を形づくった足利尊氏は、さしずめ日本文化の実質的な開創者の一人といっても過言ではない。

本書はその足利尊氏の歴史的な役割を、史料によって実証的に跡づけたものである。そもそも、本書を執筆しようと考えた理由は主として二つある。

その一つ。筆者は、二〇一五年二月、同じ角川選書で『足利直義 兄尊氏との対立と理想国家構想』を書いたとき、直義のことはやはり兄尊氏とセットで考えないと、十分に理解することはできないと痛感した。尊氏・直義兄弟の行動は、それほど深く相互に関係しあっているのである。そこで次には本丸というべき尊氏をやってみようということになったわけである。

もう一つは、手法上の観点からである。足利尊氏研究の歴史は相当に古く、さまざまの研究成果が累積しているけれども、研究の手法からみると、発給文書の大量収集のうえに立った実証的研究は本格的にはいまだなされていない。

この時代の研究ではよく『太平記』や『梅松論』などの軍記物系の史料が用いられるが、こうしたいわば二次史料には歴史を語る史料としての限界がある。そこで注目されるのが一次史料としての古文書である。

古文書にしてもむろん史料としての限界はあるが、それによって知られる情報は極めて即物的かつ客観的であるという強みをもつ。ただ古文書は、情報としての個々の体積が小さい。その克服のためには網羅的な大量収集によって密度をできるだけ高めるしかない。

幸いにも「はじめに」で述べたように、近年の史料刊行の賑《にぎ》やかさに比例して多くの史料が知られるようになった。むろん完璧《かんぺき》とはゆかないが、尊氏文書の大量収集も夢ではなくなったのである。おまけに尊氏文書については写真版付きという理想的な史料集も登場した。こうした文化的状況は尊氏発給文書を収集するうえでおおいに役だっている。本書ではこうした発給文書という一次史料を最大限活用し、『太平記』などの二次史料は副次的に使用するように努めた。

思えば、後醍醐天皇や足利尊氏たち、いわば「太平記の群像」の発給文書の個別的収集を始めてより、かなりの歳月がたつ。このうち点数的に最も多いのが尊氏のもので、筆者は現時点で全部で一五〇〇点ほどあつめている。それらをパソコンに打ち込んで、文書の検索・配列を行った。筆者は、今日の文房具としてのパソコンが非常に苦手であるが、その検索機能の便利さにはたいへん重宝している。

最後に、本書の成立にご尽力くださった方々に対し、深くお礼を申しあげたい。特に編集を担当して頂いた竹内祐子さんには大変お世話になった。竹内さんの実にスピーディで手際のよい編集作業にはむろんのこと、日本史への理解の深さと古文書への関心の高さには感心させられた。あつく感謝したい。

平成二十九年（二〇一七）二月二十四日

著者しるす

足利尊氏研究主要文献

山路　愛山『時代代表日本英雄伝　足利尊氏』玄黄社　一九〇九年一月（一九四九年 岩波文庫）

辻　善之助「足利尊氏の信仰」（上）（下）「禅宗」二七一、二七三　一九一七年一〇、一二月

笠原一男編『室町幕府――その実力者たち』人物往来社　一九六五年七月

高柳　光寿『改稿 足利尊氏』春秋社　一九六六年九月（初版は一九五五年）

会田雄次・大隅和雄・山崎正和『批評日本史3　足利尊氏』思索社　一九七二年一二月

小要　博「足利尊氏と御内書」「日本史研究」一七三　一九七七年一月

網野　善彦「建武新政府における足利尊氏」「年報中世史研究」3　一九七八年五月（岩波書店『網野善彦著作集六』二〇〇七年、収録）

上島　有「篠村の尊氏願文偽作説に対する疑問」「日本歴史」四三三　一九八四年六月

網野善彦・笠松宏至編『後醍醐と尊氏』〈週刊朝日百科〉朝日新聞社　一九八六年六月（新訂増補版は二〇〇五年）

日本古文書学会編『日本古文書学論集7　中世Ⅲ』吉川弘文館　一九八六年一一月

佐藤和彦編『論集 足利尊氏』東京堂出版　一九九一年九月

佐藤進一・網野善彦・笠松宏至『日本中世史を見直す』悠思社　一九九四年三月

小松　茂美『足利尊氏文書の研究』Ⅰ～Ⅳ　旺文社　一九九七年九月

上島　有『足利尊氏文書の総合的研究』〈本文編〉〈写真編〉国書刊行会　二〇〇一年二月

市沢　哲「『梅松論』における建武三年足利尊氏西走の位置」「神戸大学史学年報」一六　二〇〇一年五月

吉原　弘道「建武政権における足利尊氏の立場」「史学雑誌」一一一―七　二〇〇二年七月

櫻井彦・樋口州男・錦昭江編『足利尊氏のすべて』新人物往来社　二〇〇八年一〇月
峰岸純夫『足利尊氏と直義——京の夢、鎌倉の夢』吉川弘文館　二〇〇九年六月
早島大祐『室町幕府論』講談社　二〇一〇年一二月
峰岸純夫・江田郁夫編『足利尊氏再発見——一族をめぐる肖像・仏像・古文書』吉川弘文館　二〇一一年一〇月
栃木県立博物館『足利尊氏——その生涯とゆかりの名宝』（企画展図録）　二〇一二年一〇月
田中大喜編『中世関東武士の研究9　下野足利氏』戎光祥出版　二〇一三年一月
清水克行『〈人をあるく〉足利尊氏と関東』吉川弘文館　二〇一三年一一月
代表岡野友彦『古文書学の再構築——文字列情報と非文字列情報の融合』（科研成果報告書）二〇一四年三月
森茂暁「足利直義発給文書の研究——いわゆる「二頭政治」の構造」「福岡大学人文論叢」四五—四　二〇一四年三月
山田邦明『鎌倉府と地域社会』（同成社中世史選書⑯）　二〇一四年一〇月
森茂暁『足利直義——兄尊氏との対立と理想国家構想』角川選書　二〇一五年二月
石原比伊呂『室町時代の将軍家と天皇家』勉誠出版　二〇一五年一〇月
峰岸純夫・江田郁夫編『足利尊氏——激動の生涯とゆかりの人々』戎光祥出版　二〇一六年二月
呉座勇一編『南朝研究の最前線——ここまでわかった「建武政権」から後南朝まで』洋泉社　二〇一六年七月
森茂暁「足利尊氏発給文書の研究——室町将軍発給文書体系の成立」「福岡大学人文論叢」四八—二　二〇一六年九月
亀田俊和『足利直義——下知、件のごとし』ミネルヴァ書房　二〇一六年一〇月

足利尊氏関連年表

年月日	西暦	事項	出典
嘉元三年　月　日	一三〇五	足利尊氏（高氏）誕生。	賢俊僧正日記 足利家官位記
徳治二年　月　日	一三〇七	足利直義（高国、忠義）誕生。	賢俊僧正日記
元応元年十月十日	一三一九	尊氏、従五位下、治部大輔となる（一五歳。もと官号なし、足利又太郎）。	公卿補任 足利家官位記
元応二年九月五日	一三二〇	尊氏、治部大輔を去る。	公卿補任 足利家官位記
元弘元年四月二十九日	一三三一	日野俊基らの謀叛計画（元弘の変）の報、鎌倉に届く。	鎌倉年代記裏書
六月二十四日		与同者円観（慧鎮）・文観（弘真）・仲円の身柄、鎌倉に届く。足利貞氏、仲円を預かる。	太平記巻二
九月五日		足利貞氏（尊氏父）没す（五九歳）。	尊卑分脈三
元弘二年二月二十九日	一三三二	尊氏、木戸宝寿に下野国足利荘木戸郷、陸奥国賀美郡青塚郷、鎌倉屋地等を外祖父木戸家範知行の例に任せて安堵する（尊氏発給文書の初見）。	上杉家文書
六月八日		尊氏、従五位上となる（幕府の申請による）。	公卿補任 足利家官位記 花園天皇宸記

元弘三年四月二十九日	一三三三	尊氏、丹波国篠村八幡宮に願文を納め、討幕挙兵の成就を祈願する。	篠村八幡宮文書
四月二十九日		尊氏、大友貞宗に「伯耆勅命」を伝え、協力を確認する。	大友家文書
四月二十九日		尊氏、阿蘇惟時に「伯耆勅命」を伝え、合力を要請する。	阿蘇家文書
四月二十九日		尊氏、島津貞久に「伯耆勅命」を伝え、合力を要請する。	島津家文書
六月五日		尊氏、鎮守府将軍となる。内昇殿を聴（ゆる）さる。	足利家官位記
六月十二日		尊氏、従四位下となる、越階。左兵衛督に任ず。	公卿補任
			足利家官位記
六月十二日		直義、左馬頭となる。	足利家官位記
八月五日		尊氏、従三位となる、越階。武蔵守を兼ねる。「高」を「尊」となす。	公卿補任
			足利家官位記
十月十日		直義、正五位下となる。	公卿補任
十一月八日		直義、相模守となる。	公卿補任
十二月二十九日		尊氏、袖判下文によって、安保光泰に勲功の賞として、信濃国小泉荘内室賀郷地頭職をあてがう（足利尊氏袖判下文の初見）。	安保文書
十二月二十九日		尊氏、御教書によって、上杉憲房に勲功の賞として、伊豆国奈古屋郷地頭職をあてがう。	上杉家文書
建武元年一月五日	一三三四	尊氏、正三位となる。	公卿補任
			足利家官位記
二月五日		足利直義、上杉頼成に大御廄のことを仰せ付ける（直義発給文書の初見）。	上杉家文書
七月九日		直義、従四位下となる。	公卿補任
九月十四日		尊氏、参議となる。左兵衛督・武蔵守、もとのごとし。	公卿補任
			足利家官位記

年月日	西暦	事項	出典
建武二年七月	一三三五	中先代の乱。	市河文書
七月二十日		尊氏、葦谷義顕に勲功の賞として越後国上田荘秋丸村をあてがう（尊氏袖判下文の再開）。	思文閣古書資料目録二三三
八月二日		尊氏、中先代の乱鎮定のため京都を出発（同年八月十九日鎮圧）。	元弘日記裏書 梅松論
八月九日		尊氏、征東将軍となる（もと鎮守府将軍）。	足利家官位記 武家年代記
八月三十日		尊氏、従二位となる（勲功賞）。	足利家官位記
九月二十七日		尊氏、新恩給付の袖判下文を多数出し始める。	宇都宮文書 等
十一月二日		直義、新田義貞誅伐の軍勢催促状を出し始める。	結城古文書写 等
十一月二十二日		「足利尊氏・同直義以下の輩」の誅伐を命ずる後醍醐天皇綸旨が出始める。	来島文書 等
十一月二十六日		尊氏解官（後醍醐天皇の勅勘による）。	足利家官位記
十二月十三日		尊氏、新田義貞誅伐の軍勢催促状を出し始める。	大友家文書 等
建武三年（延元元）二月七日	一三三六	尊氏、元弘没収地返付令を出し始める。	小早川文書 等
二月十五日		尊氏、西走の途上、光厳上皇院宣を獲得する。	大友家文書
三月二日		筑前国多々良浜の戦い。	
五月二十五日		摂津国湊川の戦い。	
七月十一日		尊氏、新しい御家人身分創出の方策を打ち出し始める。	東寺百合文書 等
八月十五日		北朝の成立。	園太暦　洞院家記
十一月二日		後醍醐、神器を光明に渡す。	勘例雑々 践祚部類鈔等
十一月二十五日		尊氏、権大納言となる（中納言を経ず）。	足利家官位記
十一月七日		建武式目の制定。	尊経閣文庫所蔵文書
十二月二十一日		後醍醐天皇、京都より出走。	保田文書

暦応元年(延元三)五月二十二日 閏七月二日 八月十一日 八月二十七日	一三三八	北畠顕家、高師直と和泉国堺、および石津に戦い、敗死する。 新田義貞、斯波高経と越前に戦い、同国藤島で敗死する。 尊氏、正二位となる(追討賞)。征夷大将軍となる。 直義、従四位上・左兵衛督となる(尊氏の新田義貞追討賞の譲)。 足利直義裁許下知状の初見。	神皇正統記 等 神皇正統記 等 足利家官位記 公卿補任 石清水八幡宮記録
暦応二年(延元四)八月十六日 十月五日	一三三九	後醍醐天皇、没す(五二歳)。 光厳上皇、尊氏・直義の奏請により、亀山殿を禅刹とし、後醍醐天皇の冥福に資し、疎石を開山とする(天龍寺の造営。落慶供養は貞和元年八月二四日)。	中院一品記 師守記 天龍寺造営記録
暦応三年(興国元)五月十四日	一三四〇	暦応雑訴法の制定。	仁和寺文書 歴博所蔵東洋文庫旧蔵文書
康永元年(興国三)十二月二十三日	一三四二	「大方禅尼」上杉清子(尊氏母)没す(七三歳)。「于時従三位」(師守記)。尊氏・直義、母上杉清子の喪に服す。	公卿補任 足利家官位記 師守記 貞治四年五月八日条裏書
康永二年(興国四)三月四日 三月七日 四月二十三日 八月十一日 八月二十一日	一三四三	「故大方殿 号等持寺殿」上杉清子(尊氏母)に従二位を追贈す。 尊氏復任を辞す。征夷大将軍には復任(同二十五日に勅許あり)。 直義、復任。 尊氏、除服宣下。 従五位下足利貞氏(尊氏父)に従三位を追贈す。	師守記 貞治四年五月八日条裏書 足利家官位記 公卿補任 足利家官位記 師守記 貞治四年五月八日条裏書

年月日	西暦	事項	出典
康永三年(興国五)九月二十三日	一三四四	直義、非参議・従三位となる。	足利家官位記
貞和三年(正平二)六月八日	一三四七	直義嫡子如意王、誕生(観応二年二月二十五日、五歳で没)。	中院一品記
貞和四年(正平三)一月五日	一三四八	河内国四條畷の戦い。	園太暦 貞和四年記
一月二十八日		吉野の陥落。	貞和四年記
四月十六日		直義、紀伊国凶徒退治のため左兵衛佐足利直冬を差遣するを告げ、軍勢をあつめる。	宇野文書 等
四月二十二日		直冬、少納言法印に紀伊国凶徒退治の成功を祈らせる(直冬発給文書の初見)。	早稲田大学所蔵祇園社文書
貞和五年(正平四)閏六月二十七日	一三四九	足利直義裁許下知状の終見。	東寺百合文書・若王子神社文書
八月十四日		高師直ら、直義が逃れた尊氏の館を包囲す。尊氏、直義の政務を義詮に交替させることを約す。	園太暦
九月　日		直義、左兵衛督を辞す(二頭政治の終焉)。	公卿補任 足利家官位記
十月十一日		尊氏、肥後阿蘇惟時に直冬の河尻津落下を伝え、その対応について指示する。	阿蘇文書 等
十月二十二日		足利義詮入洛す。ついで直義の三条坊門第に入る(直義はすでに十月二日に同第を出て、腹心細川顕氏の錦小路堀川第に移る)。	園太暦
十一月十九日		直冬、詫磨宗直に恩賞の地として筑後国竹野四ヶ郷地頭職等をあてがう(直冬下文の初見)。	託磨文書
十二月八日		直義、出家す。	公卿補任 足利家官位記
十二月二十七日		尊氏、薩摩島津宗久らに直冬の陰謀露顕を伝えて、誅伐を指令する。	島津家文書 等

観応元年（正平五）三月二十七日	一三五〇	足利義詮裁許下知状の初見。	東西展観古典籍大入札会目録一九七四年
六月十五日		尊氏、小早川氏に直冬退治のために高師泰を差遣するを告げ、軍勢をあつめる。	小早川家文書
十月十六日		足利直冬、「九州蜂起、直冬靡九州之勢」。	園太暦 観応元年十月十六日条
観応二年（正平六）一月二十日	一三五一	義詮、久下頼直の勲功を賞し、丹波国心《（志カ）》楽荘等を与える（足利義詮袖判下文の初見）。	久下文書
二月二十六日		高師直・師泰ら高一門の中枢部、摂津武庫川辺で誅殺される。	園太暦
三月三日		直冬、鎮西探題となる。	園太暦
十月二十四日		後村上天皇、尊氏・義詮の帰降を許可する（正平一統始まる。翌年閏二月まで）。	園太暦 観応二年十一月五日条
十一月三日		尊氏・義詮父子、南朝に帰順の請文を提出する。	園太暦 観応二年十一月五日条
十一月四日		尊氏、直義を討つために京都を発す。	園太暦
十二月二十七日		直義、浄阿上人にあてて金蓮寺造営を専らにし、祈禱精誠を抽しむ（直義発給文書の終見）。	金蓮寺文書
文和元年（正平七）二月二十六日	一三五二	直義、没す（四六歳）。大休寺殿と号す。	足利家官位記
六月二十九日		直冬、伊東祐武に肥前国太田荘の替として、同国村田荘地頭職をあてがう（直冬下文の終見）	日向記
七月二十四日		観応の半済令発布。	中世法制史料集二
文和二年（正平八）八月二十九日	一三五三	尊氏、鎌倉を発して京都に向かう。	鶴岡社務記録
九月二十一日		後光厳天皇、京都還幸。尊氏・義詮等、兵を率いて供奉する（尊氏帰京）。	小島之寿佐美 園太暦

年月日	西暦	事項	出典
文和四年(正平十)八月四日	一三五五	足利尊氏袖判下文の終見。	佐々木文書
延文元年(正平十一)十月十九日	一三五六	足利義詮裁許下知状の終見。	東寺文書
延文三年(正平十三)二月十二日	一三五八	足利直義に従二位を追贈す。	師守記 貞治四年五月八日条裏書
二月十八日		尊氏・義詮、東寺・実相寺の天下静謐のために祈禱することをほめる(尊氏発給文書の終見。「筑前勝福寺文書」延文三年四月二十日尊氏御教書は要検討文書)。	東寺文書
四月三十日		尊氏、没す(五四歳。前権大納言・征夷大将軍・正二位)。	足利家官位記
六月三日		尊氏に左大臣・従一位を贈り、長寿院(寺)殿と号す。また等持院殿仁山妙義大居士と号す。	足利家官位記 師守記 貞治四年五月八日条裏書
十二月八日		義詮、征夷大将軍となる。	足利家官位記
貞治元年(正平十七)七月二十二日	一三六二	足利直義を勧請して大倉宮と号す。	綱光公記 文安五年九月二十九日条
貞治二年(正平十八)八月十四日	一三六三	足利貞氏(尊氏父)に従一位を追贈す。	師守記 貞治四年五月八日条裏書
貞治六年(正平二十二)九月十五日	一三六七	足利義詮袖判下文の終見。	前田家所蔵文書
十二月七日		足利義詮、没す(三八歳)。	公卿補任 愚管記 後愚昧記
長禄元年四月二十八日	一四五七	尊氏に太政大臣を贈る(ときの室町将軍は足利義政)。	足利家官位記

森　茂暁（もり・しげあき）
1949年、長崎県生まれ。九州大学大学院博士課程中途退学。福岡大学名誉教授。文学博士（1985年 九州大学）。専門は中世日本の政治と文化。著書に、『太平記の群像』『闇の歴史、後南朝』『室町幕府崩壊』（角川ソフィア文庫）、『足利直義』（角川選書）、『南朝全史』（講談社選書メチエ）、『戦争の日本史８　南北朝の動乱』（吉川弘文館）、『後醍醐天皇』（中公新書）、『増補改訂 南北朝期公武関係史の研究』（思文閣出版）など多数。

角川選書 583

足利尊氏《あしかがたかうじ》

平成29年３月24日　初版発行
令和６年12月30日　５版発行

著　者／森《もり》　茂暁《しげあき》

発行者／山下直久

発　行／株式会社KADOKAWA
〒102-8177　東京都千代田区富士見2-13-3
電話 0570-002-301（ナビダイヤル）

印刷所／株式会社KADOKAWA

製本所／株式会社KADOKAWA

装　丁／片岡忠彦　　帯デザイン／Zapp!

●お問い合わせ
https://www.kadokawa.co.jp/（「お問い合わせ」へお進みください）
※内容によっては、お答えできない場合があります。
※サポートは日本国内のみとさせていただきます。
※Japanese text only

定価はカバーに表示してあります。

ISBN978-4-04-703593-5 C0321

角川選書

この書物を愛する人たちに

詩人科学者寺田寅彦は、銀座通りに林立する高層建築をたとえて「銀座アルプス」と呼んだ。
戦後日本の経済力は、どの都市にも「銀座アルプス」を造成した。
アルプスのなかに書店を求めて、立ち寄ると、高山植物が美しく花ひらくように、
書物が飾られている。

印刷技術の発達もあって、書物は美しく化粧され、通りすがりの人々の眼をひきつけている。
しかし、流行を追っての刊行物は、どれも類型的で、個性がない。
歴史という時間の厚みのなかで、流動する時代のすがたや、不易な生命をみつめてきた先輩たちの発言がある。
また静かに明日を語ろうとする現代人の科白がある。これらも、
銀座アルプスのお花畑のなかでは、雑草のようにまぎれ、人知れず開花するしかないのだろうか。
マス・セールの呼び声で、多量に売り出される書物群のなかにあって、
選ばれた時代の英知の書は、ささやかな「座」を占めることは不可能なのだろうか。
マス・セールの時勢に逆行する少数な刊行物であっても、この書物は耳を傾ける人々には、
飽くことなく語りつづけてくれるだろう。私はそういう書物をつぎつぎと発刊したい。
真に書物を愛する読者や、書店の人々の手で、こうした書物はどのように成育し、開花することだろうか。
私のひそかな祈りである。「一粒の麦もし死なずば」という言葉のように、
こうした書物を、銀座アルプスのお花畑のなかで、一雑草であらしめたくない。

一九六八年九月一日

角川源義

戦国大名・伊勢宗瑞
黒田基樹

近年人物像が大きく書き換えられた伊勢宗瑞。北条氏研究の第一人者が、最新の研究成果をもとに、新しい政治権力となる戦国大名がいかにして構築されたのかを明らかにしつつ、その全体像を描く初の本格評伝。

624

978-4-04-703683-3

新版 古代史の基礎知識
編 吉村武彦

歴史の流れを重視し、考古学や歴史学の最新研究成果を取り入れ、古代史の理解に必要な重要事項を配置。新聞紙上をにぎわしたトピックをはじめ、歴史学界で話題の論争も積極的に取り上げて平易に解説する。

643

978-4-04-703672-7

シリーズ世界の思想
マルクス 資本論
佐々木隆治

経済の停滞、政治の空洞化……資本主義が大きな転換点を迎えている今、マルクスのテキストに立ち返りこの世界の仕組みを解き明かす。原文の抜粋と丁寧な解説で読む、画期的な『資本論』入門書。

1001

978-4-04-703628-4

シリーズ世界の思想
プラトン ソクラテスの弁明
岸見一郎

古代ギリシア哲学の白眉ともいえる『ソクラテスの弁明』の全文を新訳とわかりやすい新解説で読み解く。誰よりも正義の人であったソクラテスが裁判で何を語ったかを伝えることで、彼の生き方を明らかにする。

1002

978-4-04-703636-9

密談の戦後史
塩田 潮

次期首相の座をめぐる裏工作から政界再編の秘密裏交渉まで、歴史の転換点で行われたのが密談である。憲法九条誕生から安倍晋三再擁立まで、政治を変える決定的な役割を担った密談を通して知られざる戦後史をたどる。

601

978-4-04-703619-2

今川氏滅亡
大石泰史

駿河、遠江、三河に君臨した大大名・今川氏は、なぜあれほど脆く崩れ去ったのか。国衆の離叛や「家中」弱体化の動向等を、最新研究から丹念に検証。桶狭間敗北や氏真に仮託されてきた亡国の実像を明らかにする。

604

978-4-04-703633-8

古典歳時記
吉海直人

日本人は自然に寄り添い、時季を楽しんできた。旬の食べ物、花や野鳥、気候や年中行事……暮らしに根ざすテーマを厳選し、時事的な話題・歴史的な出来事を入り口に、四季折々の言葉の語源と意味を解き明かす。

606

978-4-04-703657-4

エドゥアール・マネ
西洋絵画史の革命
三浦 篤

一九世紀の画家、マネ。伝統絵画のイメージを自由に再構成するその手法は、現代アートにも引き継がれる絵画史の革命だった。模倣と借用によって創造し、古典と前衛の対立を超えてしまう画家の魅力に迫る。

607

978-4-04-703581-2